Stefan Burchert

Die Konstantinische Wende

Eine zusammenfassende Darstellung zentraler Aspekte

Stefan Burchert
Verlag

© Stefan Burchert Verlag Barmstedt
Alle Rechte vorbehalten, 2001.
www.BaLit.de
Herstellung: Books on Demand GmbH
ISBN 3-8311-2967-3

Zum Autor: Stefan Burchert ist Lehrer für Gymnasien mit den Fächern Deutsch, Sport und katholische Religion. Seine Veröffentlichungen liegen in den Bereichen Romane/Erzählungen, Literaturwissenschaft und Theologie.

Zu diesem Buch: Das Buch bietet einen Einblick in die zentralen Themen der Konstantinischen Wende. Kaiser Konstantin hat das Christentum erstmals zur Staatsreligion des Römischen Reichs erhoben, was vielfältige Auswirkungen auf das Wesen und besonders auf die Organisation des Christentums seit dem 4. Jahrhundert hatte.

Ausgehend von den grundlegenden Veränderungen durch Konstantin seit den Jahren 312/313 werden bis heute insbesondere die Folgen der Konstantinischen Wende kontrovers diskutiert.

Vielen Dank an Dr. M. Gartmann für die freundliche Betreuung bei der Konzeption.

Barmstedt, im November 2001   *Stefan Burchert*

Inhalt

1. Einleitung

„Leider bleibt es aber nach wie vor unmöglich, eine allseitig befriedigende Beurteilung seines [Konstantins] Wirkens und seines Wollens zu finden".[1]

So kennzeichnet F. Winkelmann eine Haupt-Schwierigkeit, zugleich aber auch einen Haupt-Schwerpunkt der Konstantin-Forschung. Die Frage wird vermutlich nie ganz geklärt werden, aus welchen inneren Beweggründen heraus Konstantin (Regierungszeit 306-337) seit den Jahren 312/313 (nach ersten Erleichterungen durch Galerius) die Christen von der Verfolgung befreit und das Christentum letztlich zur Staatsreligion erhoben hat. Die Frage kreist darum, ob er die Christianisierung aus inhaltlich christlicher Gesinnung oder aus politischer Kalkulation heraus durchgeführt hat; bzw. es wird gefragt, wo die größte Plausibilität zwischen diesen beiden Extrempolen liegt.

Ohne die Frage letztlich klären zu können, werden aber in der neueren Konstantin-Forschung die zeitlichen Hintergründe und Bedingungen der Christianisierung unter Konstantin so genau wie möglich ermittelt. Hierdurch wird möglicherweise eine Einschätzung des konstantinischen Handelns besser möglich.

Eine zweite Fragestellung bezieht sich auf die historischen Nachwirkungen, die die konstantinischen Reformen gehabt haben. Es wird gefragt, ob die Verbindung von Kirche und Staat für den zunehmenden Verlust inhaltlicher Werte innerhalb des Christentums verantwortlich ist. Inwieweit wurde durch Konstantin der Grundstein für eine zunehmende Verweltlichung der Kirche und für die kirchlich-staatlichen Machtkämpfe des Mittelalters gelegt? Aussagen auch hierzu bleiben letztlich vage und unsicher.

Die Basis für eine ergiebige Konstantin-Diskussion bleibt die sorgfältige Ermittlung und Darstellung der wesentlichen Ereignisse und Prozesse zur Regierungszeit Konstantins. Auf dieser Grundlage bietet die vorliegende Arbeit Möglichkeiten der abwägenden Interpretation zu den genannten Fragestellungen, ohne daß diese als in eine bestimmte Richtung verbindlich dargestellt werden. Die genannten Fragestellungen sind die Leitlinien und zugleich Antriebskräfte in der bestehenden Konstantin-Diskussion, so daß die Fragestellungen folgerichtig auch die Ausführungen meiner Arbeit begleiten.

Die genannten Fragen implizieren bereits eine Kritik an der Konstantinischen Wende. Es ist allerdings ebenso zu überlegen, ob das Christentum ohne die

---

[1] F. Winkelmann, 1998, S. 127.

Hervorhebung durch Konstantin überhaupt fortbestanden hätte. Selbstverständlich ist dies eine hypothetische Überlegung; Tatsache ist jedenfalls, daß die Christenverfolgungen unter einem der Konstantin-Vorgänger, Diokletian, an Schärfe und Ausmaß deutlich zugenommen hatten.

Außerdem stellt sich einem die Frage, ob die Kirche, wie wir sie kennen, ohne Konstantin überhaupt auf annähernde Weise entstanden wäre. Weiter ließe sich fragen: Hätte eine andere, möglicherweise „bessere" Form des Christentums entstehen können?

Auch wenn diese letzteren Fragen hypothetischer Art sind, so sind sie doch ein entscheidender Anstoß für die Beschäftigung mit diesem Thema. (Weitere Aspekte schwingen mit, z.B.: die historische Ursachenforschung über die Verfolgung von Nicht-Christen und sogenannten „Ketzern" durch Christen im Mittelalter.)

In der Arbeit stelle ich zunächst die wesentlichen geschichtlichen Vorgänge bezüglich der folgenden Aspekte dar:
- Historische Bedingungen,
- Konstantins Entscheidung für das Christentum,
- Gleichstellung bzw. Hervorhebung des Christentums,
- Christianisierungspolitik (u.a. genüber anderen Religionsgruppen).

Im Anschluß daran gehe ich auf Konstantins Christ-Sein und leitende Standpunkte in der Konstantin-Kritik ein. Das Kapitel 7 über Konstantins Christ-Sein untersucht, inwieweit sich christliche Inhalte in Konstantins Gesetzgebung, in seinen verbalen Äußerungen und in seinem (politischen) Handeln zeigen.

Die Kritik an der Konstantinischen Wende ist so alt wie die Wende selbst; ausgeweitet und sukzessiv ausdifferenziert wird sie jedoch seit der Zeit der Aufklärung im 18. Jahrhundert. Im Sinne eines Überblicks geht Kapitel 8 auf diese Fragestellung ein.

2. Voraussetzungen der Konstantinischen Wende

2.1 Politische Voraussetzungen im Römischen Reich in der Zeit unmittelbar vor der Konstantinischen Wende

Der römische Kaiser Diokletian (284-305) hatte eine umfassende Reichsreform durchgeführt, um durch Dezentralisation die Reichsverwaltung zu entlasten (293). Das aus einem östlichen und einem westlichen Teil bestehende römische Reich wurde durch eine Tetrarchie regiert. Oberster Herrscher eines Reichsteils war jeweils ein Augustus, dem jeweils ein Cäsar untergeordnet war. Dennoch hatte jeder der vier Herrscher eigene Reichsgebiete, denen er vorstand.

Die Machtverhältnisse stelle ich im folgenden der Übersicht halber verkürzt dar.

Nach Diokletians Abdankung (305) standen im Anschluß an Machtkämpfe, an denen sich auch Konstantin aktiv beteiligte, um 310 die folgenden Herrscher dem römischen Reich vor. Im Osten war Galerius im Amt des Augustus, mit Maximinus Daia als Cäsar. Augustus des Westens war Licinius mit Konstantin als Cäsar. Mit Konstantin konkurrierte im Westen jedoch Maxentius, der selbst über bedeutende Reichsteile regierte und zeitweise als „Gegen-Cäsar" ausgerufen worden war.

Im Jahr 312, das im Zusammenhang der Konstantinischen Wende von zentraler Bedeutung ist, bleibt nach dem Tod des Galerius im Osten Maximinus Daia übrig, wodurch eine Destabilisierung im Herrschaftsgebiet des Galerius eintritt. Im Westen konkurrieren weiterhin Licinius, Konstantin und Maxentius um die Vorherrschaft.

Es kommt zum Krieg zwischen Konstantin und Maxentius.

Hinsichtlich der Konstantinischen Wende ist es von Bedeutung, daß Konstantin mit der Schlacht am Ponte Molle (28. Oktober 312) erstmals im Namen des „Christengottes" in eine Schlacht gezogen ist. Durch den Sieg in der Schlacht sieht Konstantin seine Wahl des „Christengottes" als „richtig" bestätigt.

Am 30. April 313 besiegt Licinius den Maximinus Daia bei Adrianopel. In den folgenden Jahren arrangieren sich Konstantin und Licinius teils konkurrierend, teils kooperierend, bis Konstantin den Licinius 324 besiegt und zum alleinigen Herrscher des gesamten Römischen Reiches wird. Beachtenswert ist, daß es bereits 314 zu einem Krieg der beiden Augusti Konstantin und Licinius gekommen war, in dem Licinius bis zum Südosten des Balkans zu-

rückgedrängt worden war.[2] Dadurch reichte Konstantins Christianisierungspolitik schon seit 314 vermehrt in weite Teile des römischen Reiches.
337 stirbt Konstantin und empfängt die Taufe auf dem Sterbebett.

2.2 Die Korrespondenz von Kultus und Politik
im Römischen Reich

Anders als in heutiger Zeit waren zur Zeit des Römischen Reiches Politik
und Religion eng miteinander verbunden. Diesbezüglich war es die Aufgabe
des Kaisers, einen Friedenszustand zwischen der Menschenwelt und der
Welt des Göttlichen zu gewährleisten.[3] Der Kaiser war für die Wahrung und
Praktizierung der religiösen Kulte verantwortlich; dadurch sollte das Wohlwollen der Götter erhalten bleiben. Hierbei ist zu erwähnen, daß im Römischen Reich durchaus verschiedene Kulte akzeptiert waren, wovon das
Christentum bis 311 jedoch ausgenommen war und immer wieder verschärft
verfolgt wurde.
Die Korrespondenz von göttlichem *„beneficium"* und kaiserlichem *„officium"*
war nach römischer Auffassung nur durch eine sorgsame Einhaltung der
kultischen Riten positiv zu gestalten. Bei Vernachlässigung der Göttervereh-
rung wurde der Zorn der Götter gefürchtet, wodurch der Beistand der Götter
im Krieg hätte verloren gehen können.
Kultus und Religion waren ein zentraler Bestandteil des römischen Staats-
und Gesellschaftswesens.

3. Das Galeriusedikt von 311

Unter Diokletian (284-305) hatte die Christenverfolgung an Schärfe zugenommen.
Im Namen der vier rechtmäßigen Regenten erließ Galerius nun am 30. April
311 auf dem Sterebebett ein Edikt, in dem die Duldung der christlichen Religion im ganzen Reich angeordnet wurde.
Gerade im östlichen Teil des Römischen Reichs, in dem Galerius Augustus
war, bildeten die Christen eine nicht mehr zu übersehende Gruppe. Durch

---

[2] Nach E. Dassmann, 1996, S. 23.
[3] Vgl. K.M. Girardet, 1998, S. 45 ff.

ein anhaltendes Verbot hätte der Staat weiter destabilisiert werden können. Wie E. Dassmann des weiteren herausstellt, wollte möglicherweise „Galerius mit seinem Edikt durch die Duldung der Christen die Gefahr bannen, daß rivalisierende Machthaber die Christenfrage für ihre persönlichen Interessen ausnutzten"[4].

Darüber hinaus spiegelt sich in diesem Edikt die oben erläuterte römische Religiösität wider, nach der Gottesverehrung Staatswohlfahrt garantiere. Zwar zeigt sich im Edikt auch ein gewisser Widerwille gegen die Akzeptanz gegenüber den Christen, faktisch bedeutsam ist jedoch, daß das Gebet zum „Christengott" jetzt nicht nur geduldet, sondern sogar eindringlich gefordert wird und „als für das Wohl und die Sicherheit des Staates wirkungskräftig"[5] anerkannt wird.

Seit dem Galerius-Edikt war es -zumindest offiziell gesehen- kein Skandal mehr, wenn sich jemand offen dem Christentum zuwandte; im Gegenteil: die Hinwendung zur „christlichen Gottheit" konnte als Verdienst angesehen werden. Einem Kaiser stand die Möglichkeit offen, den „Christengott" im Sinne der Staatswohlfahrt „in Dienst" zu nehmen. K.M. Girardet stellt die Bedeutung des Ediktes als Voraussetzung für Konstantins spätere Erhebung des Christentums zur Staatsreligion heraus:

> „das Galeriusedikt hat gewiß eine enorme ´Hemmschwelle´ für einen gleichsam probeweisen und offenen Übergang zum Christentum beseitigt und stellt somit möglicherweise eine wichtige Bedingung für Konstantins Abwendung von den alten Göttern dar, die aber jedenfalls im Jahre 310 noch nicht erfolgt war"[6].

Durch das Galeriusedikt war das Christentum in der politisch-gesellschaftlichen Praxis nicht von einem Tag auf den anderen tatsächlich den anderen anerkannten Kulten gleichgestellt. So hat schon bald Maximinus Daia neue Kultbeschränkungen gegen die Christen verfügt; und ebenfalls Licinius, der zumindest partiell Konstantins pro-christlichen Reformen seit 313 zugestimmt hat, nimmt die Christenverfolgung wieder auf, bis er 324 von Konstantins Heer geschlagen wird.

---

[4] E. Dassmann, 1996, S. 22.
[5] Ebd., S. 38.
[6] K.M. Girardet, 1998, S. 39.

4. Konstantins Rolle beim Vollzug der Wende in den Jahren 312-337

4.1 Die Schlacht gegen Maxentius (312) als „Bewährungsprobe" für den „Christengott"

4.1.1 Kultisch-religiöse Voraussetzungen – Konstantins Vision(en)

Die Schlacht am Ponte Molle bzw. an der Milvischen Brücke (28. Oktober 312) gegen Maxentius führte Konstantin im Namen des „Christengottes" durch.

In den vorliegenden Quellen wird von einer Kreuzesvision Konstantins am Vorabend der Schlacht berichtet. Bereits einige Jahre zuvor soll Konstantin eine „den solaren Aspekt betonende Apollonvision"[7] erlebt haben. Der „sol invictus" (der siegreiche Sonnengott) war die Gottheit, die Konstantin zur Zeit der Hinwendung zum „Christengott" auf besondere Weise verehrte. Noch zu der Zeit, in der Konstantin das Christentum bereits zur Staatsreligion gemacht hat, sieht man Konstantin mit dem „sol invictus" -beispielsweise auf Münzen- abgebildet. Dies ist jedoch auch im Zusammenhang damit zu sehen, daß Konstantin die römischen Götter im Sinne der Staatswohlfahrt nicht ganz ausschaltete, wenn er sie auch zunehmend aus der Öffentlichkeit und dem Bewußtsein der Menschen zurückzudrängen suchte (vgl. Kap. 5.3, S.21f). Des weiteren konnten sowohl Anhänger der römischen Götter als auch die Christen den „sol invictus" aus ihrer Sicht interpretierend füllen, weshalb es für Konstantin sogar nahelag, dieses „Sonnenwesen" weiter zu tradieren. E. Dassmann schreibt dazu:

> „Gerade der *sol invictus* besaß nicht die scharfen Konturen der römischen Götter. Er trug die Züge eines höchsten Himmelwesens, das jeder mit dem von ihm gewünschten Inhalt füllen konnte. Heidnische Münzprägestätten werden dieses Motiv gerne benutzt haben. Der Strahlenkranz des *sol* brauchte dem Kaiser nicht zu mißfallen; wenn ihm daran lag, ließ er sich auf Christus als die Sonne der Gerechtigkeit deuten. Er konnte ebenso von den heidnischen Emissären verantwortet werden. [...]
> Die Heiden konnten das Sonnensymbol mit eigenem Inhalt füllen; man konnte den Sonnengott aber auch verchristlichen, wenn man zum

---

[7] K.M. Girardet, 1998, S. 37.

Strahlenkranz das Kreuz hinzufügte [nämlich im Christogramm, siehe dazu unten]".[8]

Hinsichtlich des „sol invictus" ist es von Bedeutung, daß er bereits vor Konstantin in besonderer Verbindung zum römischen Kaiser gesehen wurde. Unter Kaiser Aurelian (270-275) war der „sol invictus" in Verbindung mit dem Kaiserkult als Staatskult eingeführt worden.[9] Des weiteren galten auch die römischen Kaiser vor Konstantin als eine Art göttliche Repräsentanten auf Erden. Konstantin wandte sich nun jedoch konsequent dem Monotheismus zu. Zu Konstantins Gottes- und Weltbild schreibt N. Brox:

> „In seinem [Konstantins] Bild von der religiös-politischen Weltordnung hat ein einziger (oberster) Gott die Herrschaft über die Welt. Das Instrument seiner Herrschaft auf Erden ist der eine und einzige Kaiser (als welcher Konstantin sich gegen seine Rivalen noch durchsetzen würde), der das (römische) Weltreich regiert."[10]

Das Christentum hat nur einen Gott. Dieser Monotheismus paßte in sein Gottes- und Weltbild, so daß er sich für den „Christengott" entschied, wenn auch am Anfang nur probeweise. Von einer inneren, inhaltlich christlich-orientierten Bekehrung Konstantins (jedenfalls zu Beginn der Zuwendung zum „Christengott") kann also keine Rede sein.[11]

Was ist jedoch von Konstantins „Kreuzesvision" am Vorabend der Schlacht gegen Maxentius berichtet? Es liegen zwei Texte von zwei zeitgenössischen Geschichtsschreibern Konstantins vor, die Darstellungen von Laktanz und Eusebius.

Die Untersuchungen zu den teilweise unterschiedlichen Darstellungen des von Konstantin wahrgenommenen Kreuzeszeichens sollen hier nicht fortgeführt werden[12]. Die Übereinstimmungen liegen darin, daß er ein Kreuz- bzw. Christuszeichen sah und daß er dies auf die Schilder seines militärischen Heeres zeichnen ließ. Wie in der Schlacht gegen Maxentius am darauffolgenden Tag, praktizierte Konstantin dies auch in darauffolgenden Schlachten.

Laktanz schreibt:

> „Konstantin ward im Traum ermahnt, das himmlische Zeichen Gottes auf den Schilden anbringen zu lassen und so die Schlacht zu beginnen.

---

[8] E. Dassmann, 1996, S. 26.
[9] Dtv-Atlas Weltgeschichte, 1999 (1964), S. 101.
[10] N. Brox, 1995 (1983), S. 61.
[11] Zu Konstantins Verhältnis zu Christentum und Christlichkeit vgl. Kap. 7.
[12] Vgl. hierzu E. Dassmann, 1996, S. 24-25.

Er kommt dem Befehl nach, und indem er den Buchstaben X waagerecht legte und die oberste Spitze umbog, zeichnete er Chr[istus] auf die Schilde. Mit diesem Zeichen gewappnet greift das Heer zum Schwert ...".[13]

Das auf die Schilde gezeichnete Kreuzeszeichen war ein dem Christogramm ähnliches Zeichen.

Zudem verband sich nach Eusebius in Konstantins Vision die Sonne mit dem Kreuz. Es zeigt sich also eine Verbindung seiner Verehrung des Sonnengottes „sol invictus" mit dem Kreuz, das Christus bzw. den „Christengott" repräsentiert. Der sich hier in Konstantin vollziehende Prozeß läßt sich so beschreiben, daß er sich von der monotheistisch geprägten Verehrung des „sol invictus" dem „Christengott" zuwendet, an den ebenfalls monotheistisch geglaubt wird.

Bei Eusebius heißt es:

„An der Querstange [des Kreuzeszeichens], die an den Lanzenschaft gesteckt war, hing ferner ein Stück Linnen herab, ein kostbares Gewebe, das mit bunt aneinandergesetzten, in den Sonnenstrahlen hell funkelnden Edelsteinen über und über besät und reich mit Gold durchwirkt war".[14]

Die Grundzüge des Christogramms sind also deutlich erkennbar.

Hinsichtlich der Visionen Konstantins ist zu beachten, daß „wichtige Entschlüsse und entscheidende Ereignisse [...] für den Menschen der Spätantike mit Wunderzeichen und Traumgesichten verbunden"[15] waren. Auch andere Kaiser, z.B. Diokletian, Licinius, wollen Visionen als Wink der Gottheit gehabt haben.

4.1.2 Erprobung des „Christengottes" in der Schlacht

Unabhängig davon, in welchem Grade Konstantins Vision Wahrheitscharakter beizumessen ist, ließ Konstantin am darauffolgenden Tag (29.Oktober 312) das Christogramm auf die Schilder seiner Armee zeichnen und zog so in die Schlacht gegen seinen innenpolitischen Gegner Maxentius. Wie K.M. Girardet es formuliert, „erprobt" Konstantin auf diese Weise die „Wirkungsmächtigkeit" des „Christengottes"[16]. An dieser Stelle sei einmal angemerkt,

---

[13] Zitiert nach E. Dassmann, 1996, S. 24.
[14] Ebd.
[15] N. Brox, 1995 (1983), S. 60.
[16] K.M. Girardet, 1998, S. 40.

daß diese Funktionalisierung der Botschaft Christi aus inhaltlich christlicher Sicht untragbar ist. Diese Indienstnahme steht im genauen Gegensatz zur Friedensbotschaft Jesu im neuen Testament. Aus meiner Sicht ist es bei dieser Konstantin-Kritik bedeutsam, daß man hier keineswegs heutige christliche Sichtweisen an die damalige Zeit anlegt, sondern daß gerade den Christen der ersten Jahrhunderte der friedfertige Kern der Christusbotschaft bedeutsam war. Auf das Verhältnis von christlicher Botschaft und Christianisierung durch Konstantin gehe ich in Abschnitt 7 noch einmal ein.

Konstantins Zuwendung zum „Christengott" wurde also auf dem Weg über seinen Monotheismus, seine Umdeutung des „sol invictus" und schließlich durch den Sieg gegen Maxentius (im Namen des „Christengottes") sukzessiv ausgebaut und verfestigt.
Bezüglich der Frage, wie schwer es Konstantins Heer in der Schlacht gegen Maxentius hatte, liegen unterschiedliche Beurteilungen vor.
K.M. Girardet äußert auf der Basis der ihm vorliegenden Literatur,

> „daß angesichts der [...] tatsächlichen Kräfteverhältnisse und der strategisch wie militärpolitischen Situation der Jahre 311/12 in Oberitalien das Risiko eines Fehlschlages solcher probeweise ´Indienstnahme´ des Christengottes vergleichsweise gering gewesen zu sein scheint".

Und Weiter: „Konstantin hat also offenbar keineswegs tollkühn in wenig aussichtsreicher Lage mit blindem Gottvertrauen sozusagen alles auf eine Karte gesetzt."[17]
Hieraus ließe sich ableiten, daß Konstantin bereits vor der Schlacht in ausgeprägter Weise vom Christengott überzeugt gewesen sein mußte. Der Erfolg in der Schlacht im Namen des „Christengottes" wäre demnach eine zusätzliche, ergänzende Bestätigung seiner Überzeugung. Darüber hinaus war der Erfolg in der Schlacht dazu geeignet, der römischen Bevölkerung eine Wirkungsmächtigkeit des „Christengottes" sowie die „Wirkungslosigkeit der alten Götter"[18] glaubhaft zu machen.
Anders als Girardet, stellt E. Dassmann die politische Ausgangssituation der Schlacht brisanter dar:

> „Der Feldzug war für Konstantin ein Wagnis. Mit den wenigen Truppen, die er von der Rheingrenze abziehen konnte, mußte er sich erst durch Oberitalien kämpfen, ehe er vor das befestigte und durch die Aurelianische Mauer uneinnehmbar erscheinende Rom gelangte. Durch ein Bündnis mit Licinius, dem er seine Schwester Konstantia zur Frau gab,

---

[17] K.M. Girardet, 1998, S. 40-41.
[18] Ebd., S. 39.

wurde die Flanke nach Osten gesichert; eine geschickte Propaganda hatte die Schwierigkeiten des Maxentius mit dem römischen Adel und Volk hochgespielt."[19]

Nach dieser Darstellung zeigt sich hinsichtlich des römischen Gottes- bzw. Götterverständnisses ein Gottesbeistand in der Schlacht als durchaus bedeutsam. Bei dem Ernst und der Verwickeltheit der dargestellten Lage ist nach der gewonnenen Schlacht eine echte Bestärkung der Überzeugung Konstantins von der Wirkmächtigkeit des „Christengottes" naheliegend.

Fazit aus den Ereignissen um die Schlacht an der Milvischen Brücke ist, daß Konstantin seit diesem Sieg die Christianisierungspolitik im Römischen Reich entschlossen und systematisch ausgebaut hat.

4.2 Konstantins Bevorzugung des „Christengottes" gegenüber den römischen Göttern

Einen Tag nach der gewonnen Schlacht, am 29. Oktober 312, wäre, wie K.M. Girardet herausstellt, der römischen Tradition nach ein Opfer beim Kapitol an den höchsten römischen Reichsgott erwartet und gebräuchlich gewesen. Das Weglassen dieser Tieropfer wird als Indiz dafür angesehen, daß Konstantin sich hierdurch öffentlich als Christ zu erkennen gegeben habe.

Dieser Feststellung wird nachfragend von E. Dassmann, aber auch von Girardet selbst entgegengehalten, daß die kriegerische Auseinandersetzung mit Maxentius ein Bürgerkrieg gewesen ist (*civile bellum*) und daß in diesem Fall nach römischer Auffassung ein Triumphzug in Rom unangebracht war. Dementsprechend unterließ Konstantin bei seinem Einzug in Rom einen Triumphzug, der nach traditionell römischem Verständnis nur nach Siegen über fremdstämmige Gegner gebräuchlich war[20]. E. Dassmann fragt, ob Konstantin nicht aus demselben Grund auch das Opfer am Kapitol habe wegfallen lassen[21]. Außerdem läßt sich fragen, ob nicht schon deswegen Zurückhaltung angebracht war, weil bisher Maxentius regionaler Regent u.a. des römischen Gebietes gewesen war.

Girardet führt jedoch weitere Aspekte an, die für eine bewußte Abkehr Konstantins von den römischen Göttern und für die deutlich erkennbare Hinwendung zum Christentum sprechen.

---

[19] E. Dassmann, 1996, S. 22.

[20] K.M. Girardet, 1998, S. 31.

[21] E. Dassmann, 1996, S. 25.

18

Bei vergleichbaren Gelegenheiten (also in bezug auf Bürgerkriege) sei als Höhepunkt das Dankopfer an Jupiter gebräuchlich gewesen. In nur einem kleinen Teil der überlieferten Schilderungen solcher Begebenheiten fehle zwar die Erwähnung des Opfergangs, was jedoch keineswegs bedeutet, daß es damit ausgefallen ist. Es spricht eher für eine Selbstverständlichkeit.

In einer zeitgenössischen, ansonsten detaillierten heidnischen Darstellung des 29. Oktobers 312 wird zum einen nichts von Opfern berichtet und darüber hinaus ein Bedauern darüber ausgesprochen, daß Konstantin so eilig mit seinem Wagen, am Kapitol vorbei, sogleich zum Palatin (mit den Repräsentationspalästen der römischen Kaiser) abgebogen sei.

Des weiteren sind die heidnischen Autoren der überlieferten Textquellen nicht in der Lage, einen der römischen Götter als Sieghelfer zu nennen. Der Sieghelfer hat bei ihnen keinen Namen, er wird abstrakt (nach platonisch-henotheistischem Konzept) als abstrakte Gottheit (u.a. *divinitas*) bezeichnet, „welcher sich ausschließlich dem Kaiser Konstantin offenbare (und welcher daher nicht mit Sol Invictus identisch sein kann!)"[22].

In der darauffolgenden Zeit läßt Konstantin weitere Götteropfer ausfallen, insbesondere die im Jahr 313 anstehenden Saecularfeiern (nach einem 110-Jahresrhythmus seit Erneuerung durch Augustus, 17 v. Chr.).

Ebenfalls weitere fällig gewesene Opfer in den Jahren 315, 325/326 und 335 läßt Konstantin demonstrativ, in Absage an die alten Götter ausfallen.

Girardets Ergebnisse sprechen deutlich dafür, daß sich Konstantin am 29. Oktober 312 als Christ zu erkennen gegeben hat.

An dieser Stelle setzt jedoch die interessante Fragestellung ein, wie Konstantins Christ-Sein aussah und wie es sich ausgestaltete und entwickelte. Ist der Spagat zwischen Staatsmann und Vertreter des Christentums überhaupt zu bewältigen? Um bei diesen Fragen zu Aussagen kommen zu können, ist ein Eingehen auf die Haupttendenzen seiner Christianisierungspolitik notwendig (vgl. Kap. 5). Von da aus wird auch eine konstruktive Konstantin-Kritik möglich.

---

[22] K.M. Girardet, 1998, S. 35.

4.3 Das Christentum als die alleinige „rechtmäßige" Kirche unter Konstantin

Konstantin und die Christen stimmten in dem monotheistischen Glauben an den „einzigen Gott" überein. Für die Christen gab es nur den einen erlösenden Gott; daneben akzeptierten sie keine anderen Götter, was von den Heiden z.T. als penetrant und abstoßend empfunden wurde[23].

Ebenso die sich hieraus ergebende universalistische Komponente des christlichen Glaubens kam Konstantin entgegen. Ausgehend von Matthäus 28,19 „Gehet hin in alle Welt und lehret alle Völker" verstand sich die christliche Kirche als „katholisch", also als allumfassend, auf die Weise, daß der „einzige Gott" überall auf der Welt allgegenwärtig ist.

Darüber hinaus besteht ein Universalitätsanspruch, nach dem nach Möglichkeit jeder Mensch am christlichen „katholischen" Glauben Anteil haben solle. „In diesem Sinne bezeichnete Konstantin schon in den frühen Dokumenten die christliche Religion als die „rechtmäßige und allerheiligste katholische – d.h. die überall vorhandene und die für alle Menschen gedachte – Religion"[24]. Die universalistische Religion der Christen wurde von Konstantin als „'katholisch', als 'für alle verbindlich' bezeichnet"[25]. Diese klaren Aussagen eines Staatsmannes, daß die christliche Religion allein „rechtmäßig" sein soll, impliziert zugleich, daß die bisher römisch-pagane Staatsreligion mit dem Glauben an die alten Götter nicht mehr rechtmäßig sei. Ebensowenig andere Glaubensrichtungen, die bisher im Sinne der Staatswohlfahrt akzeptiert und damit unter den Schutz des Kaisers gestellt waren.

Zusammenfassend sei hierzu gesagt, daß Konstantin in seinen verbalen Äußerungen und Forderungen zumeist sehr deutlich war, bei der Umsetzung jedoch in der Regel abwägend und ambivalent handelte (vgl. dazu Kap. 5.3). Konstantin drängte das Paganentum auch in der Praxis zunehmend in den Hintergrund; im Sinne der Staatswohlfahrt ließ er heidnische Religiösität jedoch insgesamt unangetastet.

---

[23] Vgl. N. Brox, 1995 (1983), S. 35-36.
[24] K.M. Girardet, 1998, S. 63.
[25] Ebd., S. 64.

4.4 Die Gleichstellung und Hervorhebung des Christentums im Mailänder Programm von 313

Zur Regelung der Religionspolitik fand im Januar/ Februar 313 ein Treffen zwischen Konstantin und Licinius in Mailand statt. Konstantins Ziel war es, die Stellung des Christentums zu stärken. Eine Erhebung des Christentums zur einzigen rechtmäßigen Staatsreligion (Konstantins eigentliches Ziel) war zu diesem Zeitpunkt politisch noch nicht umsetzbar. Im Osten regierte noch Maximinus Daia, der trotz des Galeriusediktes weiter Christenverfolgungen vornahm. Mit Licinius sollte in Mailand ein Konsens zur Religionspolitik gefunden werden. Bemerkenswert an den Formulierungen des „Mailänder Programms" ist, daß dem Christentum über die Gleichstellung hinaus eine hervorgehobene Stellung gegenüber den paganen Religionen zugesprochen wird.

Hierzu einige Auszüge aus dem Mailänder Programm:

> „- sowohl den Christen als auch allen anderen Menschen wird Freiheit der religiösen Richtungsentscheidung zugestanden, [...]
> - da den Christen freie Religionsausübung gestattet ist, gilt dies um der öffentlichen Ruhe und Ordnung willen in gleicher Weise für die Nichtchristen"[26].

Deutlich wird, daß Konstantin seine Überzeugung von der voranstehenden Stellung des Christentums bereits deutlich in das Programm eingebracht hat. Am zweiten zitierten Beschluß wird deutlich, daß die paganen Religionen bereits deutlich zurückgedrängt werden; denn als Begründung für ihre weiter (noch) geltende Anerkennung wird nur noch die Wahrung der „öffentlichen Ruhe und Ordnung" angegeben. Hierbei ist zu bedenken, daß hierdurch eine immerhin ein Jahrtausend alte Staatsreligion deutlich abgewertet wird.

Weiter konnte Konstantin bei der Zurückdrängung des Paganentums aus politisch-praktischen Gründen nicht gehen. Da im Osten noch Maximinus Daia regierte, drohte eine Allianz zwischen Daia und Licinius. Außerdem hätten weitergehende Beschlüsse gegen die paganen Unruhen im wenig christianisierten Westen, also weit überwiegend paganen Westen, auslösen können. Hinzu kommt, daß Licinius, Mit-Regent im Westen, dem Christentum durchaus abwartend-distanziert gegenüberstand. So nimmt er später aus machtpolitischen Gründen die Christenverfolgung auch wieder auf.

---

[26] K.M. Girardet, 1998, S. 67.

5. Konstantins Politik im Zusammenhang der Christianisierung

Die folgenden Kapitel 5.1 - 5.3 beschäftigen sich damit, wie Konstantin seine Christianisierungspolitik gestaltete. Es wird des weiteren untersucht, inwieweit seine Gesetzgebung Christlichkeit beinhaltete und wie die Umsetzung seiner Gesetze und Forderungen aussah.

5.1 Konstantins Streben nach Einheit der christlichen Kirche

Gemäß der Vorstellung des römischen Götterglaubens war eine geordnete und einheitliche Gestaltung der religiösen Praxis im Reich von erheblicher Bedeutung für die Gefälligkeit der Götter. Nur wohlgestimmte Götter leisteten Beistand im Krieg und dienten der einheitlichen Wohlfahrt des Staates.

Jetzt, da Konstantin das Christentum zur allein rechtmäßigen, universell gültigen Religion erklärt hatte, fühlte er sich -noch im Sinne der römischen Göttervorstellung- dafür verantwortlich, für die Einheitlichkeit des christlichen Glaubens zu sorgen.

5.1.1 Konstantins Vorgehen im Donatistenstreit

Als Folge der diokletianischen Christenverfolgungen entstand (seit 307, insbes. seit 313) im Christentum Nordafrikas ein Streit darum, ob die Gültigkeit eines Sakraments von der moralischen Qualität des Spenders abhänge[27]. Der Gedanke entsprang dem in Nordafrika vorherrschenden spiritualistischen Sakramenten- und Kirchenverständnis.[28]

Konkreter Anlaß war, daß einige Bischöfe, darunter Bischof *Donatus*, „die Weihe des Bischofs Caecilian in Karthago für ungültig [hielten], weil unter den Bischöfen, die ihn geweiht hatten, ein sogenannter *traditor codicum* gewesen sei, das heißt ein Bischof, der in der Verfolgung schwach geworden war und den Behörden heilige Schriften oder Geräte ausgehändigt hatte"[29].

Der Streit innerhalb der christlichen Kirche weitete sich aus. Die nordafrikanischen Donatisten wandten sich an Konstantin, um die Auseinandersetzung

---

[27] Vgl. N. Brox 1995 (1983), S. 58.

[28] Vgl. E. Dassmann, 1996, S, 29.

[29] N. Brox, 1995 (1983), S. 58.

von einem Schiedsgericht klären zu lassen (im Zusammenhang der Rücker-
stattung ihres Kirchenvermögens, das ihnen nach dem Mailänder Programm
zustand, hatten sie sich mit Konstantin in Verbindung gesetzt).

Zunächst in Rom (Oktober 313), dann in Arles (August 314) versuchte Konstantin, die Streitfrage durch die Einberufung kirchlicher Gremien klären zu
lassen.

Die Entscheidung fiel entsprechend der kirchlich-römischen Überzeugung
aus, daß ein Sakrament unabhängig vom Spender gültig sei. Konstantin
hatte an die Einsicht beider Seiten appelliert. Jedoch war es den römisch
orientierten Bischöfen mehr um die Unterwerfung der Donatisten als um eine
Einigung mit ihnen gegangen; die Donatisten hielten weiter an ihrem Stand-
punkt fest. Eine Kirchenspaltung war entstanden, die weit über Konstantins
Regierungszeit hinausreichte.

Konstantin hielt sich in Arles aus den inhaltlichen Debatten heraus; sein Ziel
war eine Einigung, die die politische Lage in Afrika gesichert hätte. Durch die
Herabsetzung der Donatisten wurde die Lage jedoch noch brisanter. Größe-
re Unruhen in Nordafrika konnte Konstantin „nur dadurch verhindern, daß er
sich mit der Kirchenspaltung abfand und auch die katholischen Bischöfe dazu bewog, stillzuhalten"[30].

Konstantins Ziel, eine kirchliche Einigung im Sinne der Einheit des Staates
zu erreichen, war gescheitert.

E. Dassmann referiert kirchengeschichtlich kritische Stimmen bezüglich der
Synode von Arles:

> „Für die Kritiker der 'Konstantinischen Wende' hat sich die Kirche spä-
> testens mit der Synode von Arles in die politischen Interessen des Kai-
> sers einspannen lassen und damit eine Entwicklung eingeleitet, die fol-
> gerichtig im Staatskirchentum enden mußte."[31]

5.1.2 Konstantin und das Konzil von Nicaea

In Alexandrien war seit etwa 318 ein theologischer Streit um die Trinitätsfra-
ge (so würde man den Komplex aus heutiger Sicht bezeichnen) entstanden.
Zwei unterschiedliche Traditionen bzw. Schulen bezüglich des Gott-Sohn-
Verhältnisses gerieten hier aneinander. Arius war als Presbyter in einem

---

[30] E. Dassmann, 1996, S. 33.
[31] Ebd., S. 31.

Kirchenbezirk der Stadt Alexandrien tätig und vertrat dort die Theologie des „Subordinatianismus", die er als Schüler des Antiocheners Lukian überzeugt vertrat.

Die Theologie des „Subordinatianismus" beinhaltet die ontologische Unterordnung des Sohnes unter Gott(-vater); der Sohn sei *geschaffen* und *geworden*[32] sowie von Gottvater wesensmäßig verschieden.

Diese Theologie stieß beim Bischof Alexander, dem Bischof Alexandriens, auf heftigen Widerspruch. Nach der theologischen Tradition, die Alexander vertrat, war der Sohn eines Wesens mit Gottvater (*homoúsios*). Der Konflikt weitete sich aus und drohte zu eskalieren, als Arius und einige Anhänger bei einer regional einberufenen Bischofs-Synode exkommuniziert wurden.

Konstantin war nach dem Sieg über Licinius (324) inzwischen alleiniger Kaiser und verfügte in dieser Situation erstmals eine Synode der gesamten Kirche des Reiches. Das Konzil von Nicaea[33] wurde am 20.5.325 eröffnet, wobei anzumerken ist, daß nur wenige Bischöfe aus dem westlichen Teil des Reiches anwesend waren.

Das theologische Ergebnis des Konzils wurde gegen den Arianismus formuliert. Auf der bereits bestehenden Basis, daß der Sohn „*Gott von Gott*" und „*Licht vom Licht*" sei, wird nun hinzugefügt: „Wahrer Gott vom wahren Gott, gezeugt, nicht geschaffen, eines Wesens (homoúsios) mit dem Vater".

Der zentrale Begriff ist *homoúsios*, der meint, daß der Sohn eines Wesens mit dem Vater (gleichwesentlich) ist, wodurch die Abgrenzung zum Arianismus deutlich wird.

Im Vergleich zur Synode von Arles zeigt sich Konstantin nun deutlich aktiver, er „redet und diskutiert mit, entscheidet und verordnet"[34]. Zur Aktivität des Kaisers äußert N. Brox zudem:

> „Es spricht einiges dafür, daß er [Konstantin] dem Begriff ´homoúsios´ zur Durchsetzung verholfen hat. Am Ende hat er das Ergebnis mit seiner kaiserlichen Autorität gestützt. Als deutliche Demonstration hat er Arius und die beiden Bischöfe aus dessen unmittelbarem Anhang, die als einzige das Bekenntnis von Nicaea nicht unterschrieben hatten, verbannt."[35]

---

[32] Vgl. N. Brox, 1995 (1983), S. 176.
[33] Als Synode einberufen, wegen der weitreichenden Bedeutung und Nachwirkung nachträglich als „Konzil" benannt, wie spätere Konzile auch.
[34] E. Dassmann, 1996, S. 51.
[35] N. Brox, 1995 (1983), S. 179.

Als kirchengeschichtliche Kritik gegen das Konzil von Nicaea wird vorgebracht, daß die Bischöfe gegenüber Konstantin sehr willfährig gewesen seien, daß sie nicht mehr den Versuch machten, ihre Unabhängigkeit zu bewahren und begeistert Beifall klatschten. Des weiteren wird eingewendet, daß es die kaiserlichen Gunstbeweise nicht umsonst gegeben habe; sie haben mit dem Verlust der Freiheit erkauft werden müssen.[36]

Dieser Kritik läßt sich jedoch fragend entgegenstellen, ob die Kirchenvertreter notwendig darüber ungehalten sein mußten, wenn sich Konstantin Glaubensfragen zuwandte, selbst wenn er bei anders gelagertem Interesse staatsmännische Überlegungen mit einschloß.

Auffallend heftig fällt E. Dassmanns Formulierung bezüglich der Möglichkeit aus, daß Konstantin sich nur um der Staatswohlfahrt willen um eine Einigung innerhalb der Kirche bemüht habe:

> „Einen schweren Vorwurf enthält allerdings die Behauptung, die Frage der Wahrheit sei für Konstantin belanglos gewesen, sein Verlangen nach staatlicher *concordia* habe die Verhandlungen bestimmt, nicht der Wahrheitsgehalt der definierten Glaubensaussagen. Träfe dieser Vorwurf zu, wäre die Kirche durch die auf dem Konzil versammelten Bischöfe tatsächlich ein funktionierendes Rädchen in der Staatsmaschinerie geworden."[37]

Für Konstantin als Kaiser hat die Einheit immer eine bedeutende Rolle gespielt. Inwieweit er sich christlichen Inhalten und Leitsätzen genähert hat, läßt sich nicht an einzelnen Etappen seiner Laufbahn (wie dem Konzil von Nicaea), sondern nur in Abwägung seiner Politik über Jahre hinweg annäherungsweise ermitteln. Jedoch werden auch hier letztlich Fragen offenbleiben.

Zum Arianismusstreit äußerte sich Konstantin im Jahr 324 in einem Brief an Alexander und Arius folgendermaßen:

> „Allmächtiger Gott – welch tödliche Wunde hat da mein Ohr und noch mehr mein Herz getroffen! Ich erfuhr, daß unter euch noch ein viel schwerer Streit im entstehen wäre, als ich in Afrika hinterlassen hatte, und euer Land, von dem ich Heilung für die anderen erhofft hatte, bedürfe selbst ihrer noch mehr. Als ich mir nun den Anfang und den Gegenstand des Streites ansah, da stellte sich heraus, daß der Vorwand ganz geringfügig und so einer großen Zwietracht gar nicht wert war".[38]

---

[36] E. Dassmann, 1996, S. 51.
[37] Ebd., S. 53.
[38] Zitiert nach ebd., S. 54.

Meiner Meinung nach scheint diese verwunderte Stellungnahme Konstantins aus heutiger Sicht verständlich, denn das Verhältnis des Sohnes zu Gottvater sowie die Trinität sind bis heute ein Mysterium geblieben und werden von Menschen wohl nie ganz durchdrungen werden können[39].

E. Dassmann weist jedoch auf die Bedeutsamkeit der Klärung des Verständnisses der Gottessohnschaft Jesu zur damaligen Zeit hin:

> „Christologie und Trinitätslehre, virulent seit den frühesten neutestamentlichen Urkunden, waren in ein entscheidendes Stadium der Klärung getreten, das nicht mit Eintracht überdeckt, sondern grundsätzlich erörtert werden mußte."[40]

Konstantin griff in die Verhandlungen des Konzils ein; jedoch unterdrückte er nicht jede abweichende Glaubensvorstellung, ermunterte zur friedfertigen Übereinkunft.

Zudem behandelte er die Bischöfe mit großem Respekt und hat „die Freiheit der Glaubensentscheidung bereits dadurch anerkannt, daß er das Konzil überhaupt hat stattfinden lassen. Sein Bestreben, die Glaubenseinheit herzustellen, bedeutete nicht nur Zwang"[41].

Nach den abwägenden Untersuchungen E. Dassmanns ist eine reine Funktionalisierung des Konzils von Nicaea im Sinne der Staatseinheit nicht anzunehmen.

Am Schluß des Konzils schienen die dogmatischen Fragen bewältigt. Die gefaßten Entschlüsse galten als verbindlich für das gesamte Reich, Arius und seine Anhänger waren verbannt. In dem Gefühl des Erfolges im Sinne der Kirche und des Staates feierte Konstantin nach Beendigung des Konzils, gemeinsam mit den verbliebenen Bischöfen, sein 20jähriges Regierungsjubiläum.

Schon bald zeigte sich jedoch, daß die Arianer weiter an ihrem theologischen Konzept festhielten. Sie bekundeten durch neue Umschreibungen, daß ihr Glaube nicht dem nizänischen widersprach. Die Nizäner andererseits hielten insbesondere am Begriff „homoúsios" fest, der „nicht in der Heiligen Schrift stand und philosophischen Ursprungs war, [der] weniger mit der Wahrheit des Glaubens als mit der Halsstarrigkeit seiner Verfechter zu tun hatte"[42].

---

[39] Vgl. dazu: K. Hemmerle, 1979.
[40] E. Dassmann, 1996, S. 55.
[41] Ebd., S. 55.
[42] Ebd., S. 57.

Eine Übereinkunft der beiden konträren Gruppen schien in absehbarer Zeit nicht erreichbar. Infolge dieser Situation entschied sich Konstantin ab 328 für eine Rehabilitierung der Arianer. Konstantins Entscheidung für den Weg des Kompromisses ist wiederum im Zusammenhang mit seinem Streben nach Einheit in Staat und Kirche zu sehen. Konstantin, wie seine Nachfolger, versuchten teilweise die Bischöfe zur Anerkennung von Glaubensformeln zu zwingen. Durch dieses Eingreifen staatlicher Macht wurde eine inhaltliche Klärung innerhalb der Kirche jedoch eher verhindert und verzögert als gefördert.

Eine bedeutsame Einigung in der Trinitätsfrage wurde erst auf dem Konzil in Konstantinopel (381) erreicht.

5.2 Beispiele konstantinischer Gesetzgebung innerhalb der Christianisierung

5.2.1 Der Soldatendienst

„Bis gegen Ende des 2. Jahrhunderts, später abgeschwächt, verurteilten und verweigerten die Christen den Militärdienst (es gab allerdings damals keine allgemeine Wehrpflicht), und zwar aus moralischen (Mord, Macht, Brutalität) und kultischen (Fahneneid, Opfer) Einwänden."[43]

Jedoch bekundeten sie beharrlich ihre Loyalität zum römischen Staat. Dennoch wurde ihnen vorgeworfen, daß sie sich der bürgerlich-gesellschaftlichen Mitverantwortung entzögen.

Mit der Christianisierung war der oben genannte zweite Vorbehalt gegen den Soldatendienst, die Opfer für die römischen Götter, nicht mehr gegeben. Die moralischen Fragwürdigkeiten des Soldatendienstes blieben und sind bis heute nicht gelöst. Die Kirche war jedoch zu einer gesellschaftlich bedeutenden, zunehmend dominierenden Gruppe geworden, so daß sich innerhalb der Kirche eine Revision der Bewertung des Soldatendienstes vollzog. „Die Kirche akzeptierte die neue Lage, denn die Sicherheit des Staates garantierte zugleich ihre eigene Entfaltung."[44]

Hier muß die Kirche sich den Vorwurf gefallen lassen, daß sie moralische Grundsätze aufgrund gesellschaftlicher Vorteile aufgab, zumindest aber relativierte[45].

---

[43] N. Brox, 1995 (1983), S. 46-47.
[44] E. Dassmann, 1996, S. 36.
[45] Vgl. Kap. 8.

Die neue Relevanz in der Gesellschaft drängt zu Mitverantwortung, wodurch die Umsetzung christlich-moralischer Grundsätze immer stärker auf die Probe gestellt wird.

In dieser Frage zeigt sich, daß die Kirche nach der Privilegierung durch Konstantin von sich selbst aus inhaltlich-programmatische Veränderungen ihrer Leitlinien - formal in neuen Lehrformulierungen (Kanones) ausgedrückt - vornimmt.

5.2.2 Konstantins Gesetzgebung und praktisches Verhalten zur Sklaverei

„Die Sklaverei war in einem solchen Maß Bestandteil des antiken Wirtschaftslebens, daß ihre Beseitigung die ökonomische Ordnung gestört hätte."[46]

Für eine gänzliche Beseitigung der Sklaverei setzte sich auch zur Zeit der Konstantinischen Wende kaum jemand ein. Selbst den Evangelien wird vorgeworfen, sie setzten die Sklaverei wie selbstverständlich gegeben voraus. Dies ist angesichts des Einsetzens Jesu für die Unterdrückten sehr reduziert formuliert, zielt jedoch darauf, daß die Sklaverei explizit nicht als abschaffenswert dargestellt werde.

Wie im Evangelium selbst, gab es jedoch auch in der wirklichen Praxis der Christen zahlreiche Aspekte, die die Sklaven allen anderen Menschen gleichstellten. Im Gottesdienst wie in den frühchristlichen Klöstern waren alle gesellschaftlichen Unterschiede aufgehoben. Sklaven wurden als Brüder und Schwestern im Glauben angesehen, auch wenn damit nicht sogleich alle gesellschaftlichen Schranken aufgehoben waren.

Der Geschichtsschreiber Laktanz vermerkt dazu, daß die Gleichheit vor Gott auf die Dauer auch das gesellschaftliche Verhältnis zwischen Herrn und Sklaven verändern müsse[47].

Konstantin vertritt die Aufrechterhaltung der Sklavenordnung (als bedeutende und funktionierende Säule des Wirtschaftssystems). Auf der anderen Seite setzt er sich für die Verbesserung der Lebensbedingungen für das Sklaventum ein, die auch gesetzlich abgesichert wurde.

Die körperliche „Züchtigung" blieb erlaubt, jedoch wurde die absichtliche Tötung eines Sklavens unter Konstantin dem Mord gleichgesetzt.

---

[46] E. Dassmann, 1996, S. 39.
[47] Ebd., S. 39.

Mit dem Freilassungsgesetz von 321 wird zum ersten Mal die Freilassung der Sklaven uneingeschränkt empfohlen. Insbesondere galt es als ein Gott wohlgefälliges Werk, am Sonntag Sklaven freizulassen[48].

Dassmann wie Girardet sehen in Konstantins Freilassungsgesetz christlichen Einfluß. Zum einen darin, daß Konstantins bischöflicher Berater Bischof Ossius von Corduba erfolgreich auf Konstantin eingewirkt hat, zum anderen darin, daß Konstantin möglicherweise auch -zumindest partiell-christliche Vorstellungen in sein Denken und Handeln aufnimmt[49].

Ein möglicher Einsatz der Christen für eine gänzliche, gesetzlich verordnete Abschaffung der Sklaverei wäre vermutlich an der weit verbreiteten Menschenverachtung gescheitert, die der Sklaverei zugrunde lag; und diese konnte nicht in kurzer Zeit überwunden werden.

5.2.3 Privilegierung des Klerus

Konstantin entlastete die Kleriker finanziell, indem er sie von Steuern befreite, ihnen die kostenlose Nutzung der kaiserlichen Post gewährte und sie von den finanziell belastenden Aufgaben eines weltlichen Ratsherren entband.

Konstantin gebietet, daß

„die Männer von allen staatlichen Lasten frei bleiben, die in dieser heiligen Religion Dienst tun und gewöhnlich Kleriker heißen. Sie dürfen nicht durch Irrtum oder Sakrileg von ihrem der Gottheit schuldigen Dienst abgehalten werden, sondern müssen vielmehr ohne Behinderung ihrem eigenen Gesetz dienen. Wenn sie nämlich die hohe Verehrung des Göttlichen [...] vollziehen, nützen sie der Allgemeinheit am meisten[50]"

Des weiteren übertrug Konstantin den Bischöfen 318 die Gerichtsbarkeit in Zivilsachen, nicht in Strafprozessen. Verschiedene mögliche Gründe hierfür werden genannt:

Christen war es schwer zuzumuten, denselben Richtern vorgeführt zu werden, die noch kurz zuvor im Dienst der Verfolgung gestanden hatten. Möglich war auch ein Mißtrauen in die Fähigkeit weltlicher Rechtsprechung bei der Wahrheitsfindung, verbunden mit der Hoffnung, daß die Bischöfe als

---

[48] Vgl. E. Dassmann, 1996, S. 41.
[49] Ebd., 1996, S. 42.
[50] Zitiert nach E. Dassmann, 1996, S. 47.

„Stellvertreter des göttlichen Richters" Schuld und Unschuld besser durchschauen könnten[51].

Kritisierbar hieran ist, daß hierdurch staatliches und kirchliches Amt weiter vermengt wurden, wodurch die Entfernung von christlichen Inhalten gefährdet war; zudem waren die Bischöfe durch das richterliche Amt zeitlich erheblich belastet. Nach Dassmann haben die Bischöfe dieses Amt insgesamt im christlichen Sinne gewissenhaft ausgeübt und als Bestandteil ihrer seelsorglich-sozialen Tätigkeit angesehen.

5.3 Auswirkungen der konstantinischen Christianisierung auf andere Religionen und Häretiker innerhalb des Christentums

In der heutigen Gegenwart wird innerhalb der christlichen Kirchen nach Möglichkeiten gesucht, vom Glaubensinhalt her Anknüpfungspunkte mit und zu anderen Religionen zu finden.

Innerhalb des Christentums (als monotheistischer Religion) hatte sich ein Wahrheits- und Absolutheitsanspruch entwickelt.

Christlicher Wahrheits- und Missionsgedanke auf der einen Seite und das Streben des Kaisers Konstantin nach Einheit des Kultus im Sinne des Staatswohls auf der anderen Seite kamen zu „überraschender Konvergenz"[52].

Konstantin hatte den „Christengott" als wirkmächtig angenommen und strebte -durchaus im Rahmen des Absolutheitsanspruches- die weitere Christianisierung des Römischen Reichs an. Auf welche Weise konnte ihm dies gelingen? Bei der Frage ist zu bedenken, daß der Anteil der Christen im Römischen Reich bei nur etwa 10% lag; zudem war der Anteil im weströmischen Reich deutlich geringer als im oströmischen.

Eine angeordnete Christianisierung wäre vom überwiegenden Teil der Bevölkerung nicht getragen worden und somit gescheitert.

Konstantin gestaltete seine Christianisierungspolitik auf die Weise, daß er einerseits die christliche Kirche zunehmend förderte und privilegierte und andererseits die anderen Religionen und Kulte sukzessive in den Hintergrund zu drängen versuchte.

---

[51] Vgl. E. Dassmann, 1996, S. 48.
[52] K.M. Girardet, 1998, S. 79.

30

Seine Vorgehensweise läßt sich so kennzeichnen, daß er sich in verbalen Äußerungen und teilweise auch in Gesetzen und Erlässen stark abwertend und verachtend gegenüber Andersgläubigen und Häretikern innerhalb der christlichen Kirche zeigte.

In der Praxis ging er jedoch den Weg des Kompromisses, so daß die Maßnahmen gegen Andersgläubige in der Regel deutlich entschärft ausfielen oder auch ausblieben. Diese sich in der Praxis zeigende Akzeptanz ist jedoch nicht als „Toleranz" im heutigen (*aufgeklärten*) Sinne zu verstehen, sondern resultiert aus der Verpflichtung des römischen Kaisers, der Einheit und der politischen Ruhe innerhalb des Landes zu dienen.

Vorangehende römische Kaiser haben immer wieder versucht, die Ordnung des Staates durch scharfe Anweisung und Gesetzgebung zu erreichen; jedoch der Kultus zeigte sich immer wieder als sensibler Bereich, in dem jede scharfe Anordnung zu überdenken war, da nach römischer Vorstellung von einem geregelten Götterkult das Wohlwollen und der Beistand der Götter abhing. Selbst die Christenverfolgung fiel zeitlich und regional unterschiedlich deutlich aus. (Eine andere Frage ist jedoch, ob das Christentum bei einer konsequenten Fortführung der Diokletianischen Verfolgung überhaupt fortbestanden hätte.[53])

Im folgenden stelle ich als Beispiele einige verbal deutlich abwertende Äußerungen Konstantins gegenüber den Paganen, Juden und christlichen Herätikern dar, die dann mit seiner Regierungspraxis verglichen werden:

a) Christianisierungspolitik gegenüber den Paganen:
In Anlehnung an Eusebius´ „*Vita Constantini*" stellt Girardet Konstantins Äußerungen im Jahr des Sieges über Licinius (324) in bezug auf die Paganen dar:

> „die Heiden gehen in die Irre (56,1); die Existenz des Heidentums als eines verderblichen Trugs ist gleichsam ein gewalttätiger Aufstand (gegen die gottgewollte christliche Weltordnung), maßlos tief verwurzelt in der Seele mancher, zum Schaden für das Wohl aller (60,2)."[54]

Diese Äußerungen zeigen seine Niedrigachtung des Paganentums. Dennoch wendet er sich deutlich gegen Gewaltübergriffe an den Heiden und gegen eine Zwangschristianisierung. „Auf keinen Fall aber, so seine [Konstantins] beschwörende Mahnung (60,1), darf es aus christlicher Glaubensüber-

---

[53] Vgl. dazu Kap. 6, S. 35.
[54] K.M. Girardet, 1998, S. 91.

zeugung zu Übergriffen auf Andersdenkende, zu gewaltsamen Bekehrungs-versuchen kommen"[55].

Neben dieses hierin sich zeigende *Prinzip der Freiwilligkeit* stellt Konstantin das Prinzip der *Freiheit von Angst*. Die römischen Bürger sollen nicht etwa durch Religionspolitik in ihrer physischen Existenz bedroht werden. Hinzu kommt der Leitgedanke der *Freiheit von Zwang und Gewalt*:

> „Die dem heidnischen Trug Ergebenen sollen den gleichen Frieden und die gleiche Ruhe genießen wie die Christus-Gläubigen, niemand soll den anderen wegen seines Glaubens belästigen, jeder soll den Regun-gen seiner Seele folgen dürfen (56,1)"[56].

Eine systematisch-programmatische Zurückdrängung des Paganentums gab es unter Konstantin demnach nicht. Konstantin wandte sich jedoch öffentlich gegen den Paganismus und warb für das Christentum. In Einzelbereichen beeinträchtigte er die Praxis heidnischer Kulte, denn sein Ziel war letztlich doch die Zurückdrängung des Paganentums.

Die Frage des Opferverbots: Konstantin selbst lehnte Opfer ab und verwei-gerte diese zunehmend. Ein allgemeines Opferverbot verhängte er jedoch nicht (von seinem Sohn und Nachfolger im Jahr 341 eingeführt). Im allge-meinen ließ er Tempeldienst, Götterkult und pagane Religiösität unangeta-stet. Allerdings setzte er ein Opferverbot bei Amtshandlungen ein. Hier zeigt sich -anders als im Bereich der allgemeinen römischen Gesellschaft- eine bewußte und systematische Zurückdrängung paganer Kulte aus der öffentli-chen Repräsentation des Staates.

Des weiteren verbot Konstantin die Tempelprostitution[57].

Partiell ließ Konstantin Tempel plündern, enteignen oder zerstören. Als Gründe galten hierfür beispielsweise Einwände der Moral (z.B. wegen der Tempelprostitution), oder frühere kirchliche Stätten sollten wiedergewonnen werden.

Hierbei handelt es sich jedoch um Einzelmaßnahmen, die zwar das Paga-nentum schwächen sollten, aber nicht landesweit -etwa im Sinne einer Ge-setzesverordnung- ausgeweitet wurden.

b) Christianisierungspolitik gegenüber den Juden:

Im Zusammenhang mit der Verlegung des Ostertermins vom Termin des jü-dischen Passahfestes auf den darauffolgenden Sonntag durch die Christen,

---

[55] K.M. Girardet, 1998, S. 91.
[56] Eusebius: Vita Constantini, zitiert nach ebd. .
[57] Vgl. dazu Kap. 7, S. 38.

äußerte sich Konstantin in einem dem nicaeanischen Konzil nachfolgenden Schreiben sehr verachtend gegenüber den Juden.

Tragisch an die Matthäus-Worte anknüpfend („Sein Blut komme über uns und unsere Kinder", Mt 27, 25), weist er den Juden die „Kollektivschuld" am Tod Jesu zu. Konstantin beschuldigt die Juden als „Christus- und Herrenmörder", als „unrein, verrucht/verflucht/gottlos", als „völlig verderbte Menschen"[58].

Ein Übertritt zum Judentum war unter Konstantin grundsätzlich verboten.

Konstantin zeigt eine tiefe Verachtung der Juden.

Jedoch an der römischen Judenpolitik der vorangehenden Jahrhunderte festhaltend, die das Judentum als „gültige" Religion anerkannt hatte, hat Konstantin „die jüdische Religion als solche nicht angegriffen bzw. verboten oder eingeschränkt"[59].

Die besondere Gefahr der harten verbalen Verachtung des Judentums durch Konstantin bestand darin, daß sie aufgenommen werden konnte, den bestehenden Judenhaß verstärkte und möglicherweise zum Mit-Auslöser für Judenverfolgungen -bspw. im Mittelalter- geworden ist.

c) Christianisierung gegenüber Häretikern:

Wie die Ausführungen über die Synode von Arles und das Konzil von Nicaea gezeigt haben, ist es für die Kirche ein schwieriger, konfliktreicher Weg, zu gemeinsamen Glaubensaussagen und Lehrsätzen zu kommen.

Konstantin strebte eine Eintracht der christlichen Glaubensgemeinschaft an und versuchte, bestehende Spaltungen zu beenden (wie zum Beispiel durch die Einberufung des Konzils zu Nicaea). Konstantin sah sich in römischer Tradition dazu verpflichtet, für die kultische Einheit im Reich zu sorgen. Nach Hervorhebung des Christentums innerhalb des Römischen Staates kam der Einheitswahrung dieser Religion besondere Bedeutung zu.

Häufig war innerkirchliche Zerstrittenheit jedoch bereits in gegenseitige Exkommunikationen und Abwendung voneinander gemündet.

Wo Schlichtungsversuche oder der Versuch der Re-Integration von Abweichlern nicht gelang, griff Konstantin mit besonderer Härte ein. Gegen Häretiker und Schismatiker ist Konstantin deutlich schärfer vorgegangen als gegen Juden und Pagane.

Wie es sich an der Rehabilitierung der Arianer zeigt, hat Konstantin im Rahmen bestehender Konflikte teilweise den Weg des Kompromisses ein-

---

[58] K.M. Girardet, 1998, S. 83, 84, 85.
[59] Ebd., S. 86.

geschlagen, aber er zeigt dabei auch harte verbale Aussagen und Gewaltandrohungen, die teilweise umgesetzt worden sind.

Abweichler wie die Donatisten oder Arianer bezeichnete Konstantin als „mit dem Teufel im Bunde", als „wahnsinnig, krank, verrückt, gottlos, vertiert, Frevler gegen die (wahre) Religion"[60].

Konstantin setzte gegen die Donatisten und Arianer typische staatliche Repressionsmittel ein: Exilierung der führenden Personen, Versammlungsverbot, Enteignung, Entzug von Privilegien (Immunität)[61].

Gegen öffentlich demonstrierende Donatisten setzte Konstantin die Armee ein, was Todesopfer auf der Seite der Donatisten zur Folge hatte.

Im Jahr 328 wurde sogar auf die Initiative eines kirchlichen Konzils in Antiochien hin die Möglichkeit von Todesstrafen gegen Häretiker durch Einschaltung der Staatsgewalt ermöglicht.

In einem Edikt drohte Konstantin Arianern (333), die weiterhin im Besitz Arianischer Bücher blieben, mit der Todesstrafe.

Umgesetzt hat Konstantin diese Drohung den Quellen nach nicht, Girardet betont jedoch die negative Folgewirkung für das Verhältnis von Staat und Kirche sowie für die hiermit verbundene Rechtsprechung:

> „Aber der Gedanke war nun in der Welt, daß man auch aus christlicher Motivation die Schriften Andersgläubiger verbrennen und ihren Besitz mit dem Tode bestrafen könne bzw. sogar müsse. Von hier aus ist dann der Weg zu der Ansicht nicht mehr allzu weit, daß Ketzerei an sich ein durch staatliche Gerichte oder den Kaiser selbst zu ahnender Straftatbestand sei."[62]

d) Vergleich:

Wie anfangs des Kapitels vorangestellt, sind Konstantins verbale Äußerungen und seine Gesetzgebung schärfer als die Umsetzung in der Praxis. Gegenüber den Paganen hält sich Konstantin in seinen Äußerungen am meisten zurück, da die Paganen die deutliche Mehrheit der Bevölkerung ausmachen. Zur Wahrung der öffentlichen Ruhe kann sich Konstantin keine offene Erniedrigung des Paganentums leisten; er versucht, es indirekt durch Förderung des Christentums sukzessiv in den Hintergrund zu drängen.

Konstantin geht in bezug auf die Juden und innerkirchliche Herätiker trotz verbaler Härte und teilweise gewaltsamen Vorgehens häufig den Weg des

---

[60] 312/ 313 im 1. Brief an Caecilianus, zitiert nach K.M. Girardet, 1998, S. 105.
[61] Nach K.M. Girardet, 1998, S. 109.
[62] Ebd., S. 110.

Kompromisses, zumal sich die Überzeugung der Donatisten auch nicht durch den Einsatz staatlicher Gewalt brechen ließ.

Für die politisch-kirchlich-gesellschaftliche Nachwelt ist durch Konstantins abwertenden Verbalismus und seine Gesetzgebung gegenüber anderen Religionen/ Religionsgruppen die Gefahr gegeben, daß sie von nachfolgenden Staats- und Kirchenleitern aufgenommen, verschärft und in die Praxis umgesetzt werden.

Inwieweit dies geschehen ist und inwieweit Konstantin selbst Verantwortung für einen inhaltlichen Verfall der christlichen Kirche trägt, wird in der Konstantinkritik bzw. in der Diskussion um die Konstantinische Wende kontrovers diskutiert (vgl. Kap. 8).

6. Aufnahme der Konstantinischen Wende durch die damalig zeitgenössischen Christen

Insgesamt gesehen nahmen die damaligen Christen die Aufwertung des Christentums durch Konstantin dankbar an. Nach der scharfen, existentiell bedrohenden Verfolgung durch Diokletian versetzte die jetzige Anerkennung sie in Staunen. Es liegt nahe, daß die Vorgänge ihnen wundersam erscheinen konnten.

Insbesondere im Osten, wo die meisten Christen lebten, waren die Verluste auf Seiten der Christen unter Diokletian hoch gewesen, so daß es, wie Dassmann[63] erwähnt, nicht sicher ist, ob das Christentum bei Fortdauer dieser Verfolgung hätte fortbestehen können.

In den ersten Jahrhunderten vor Konstantin hatten sich die Christen aus Staatsgeschäften und Aufgaben der öffentlichen Verwaltung herausgehalten, vor allem aus dem Grund, daß sie in Verwaltungsämtern pagane Götter-Riten wie z.B. Opfer hätten ausführen müssen. In den ersten zwei Jahrhunderten lehnten die Christen des weiteren, wie bereits erwähnt, den Soldatendienst ab. Daneben stand selbstverständlich die Nicht-Anerkennung/ Verfolgung des Christentums durch den Römischen Staat einer Integration der Christen ins öffentliche Leben entgegen.

Insbesondere kultische Vorbehalte bestanden gegen das römische System, die Christen beteuerten dennoch „ihren Respekt vor dem Kaiser und ihr Interesse am öffentlichen Wohl"[64]. Nach F. Winkelmann überwog am Ende

---

[63] E. Dassmann, S. 196, S. 51-52.
[64] N. Brox, 1995 (1983), S. 47.

des 3. Jahrhunderts „die positive Bewertung von antiker Kultur und Gesellschaft in der Kirche" (bei bleibend kritischer Haltung als Korrektiv); „das Gros der Christen wartete aber auf eine Anerkennung durch den Kaiser"[65]. Die Christen waren in den zweieinhalb Jahrhunderten zunehmend in die römische Gesellschaft und in die hellenistisch-römische Kultur hineingewachsen[66]." Mit ihrer caritativen Arbeit beeindruckten die Christen auch die pagane Mitbevölkerung und gewannen hierdurch an Anerkennung.

Ein Bild der Geschlossenheit bot die christliche Kirche jedoch nicht. Wesentliche theologische Fragen waren noch nicht geklärt bzw. ausdiskutiert worden, wie es sich später im Donatistenstreit und Arianismusstreit zeigte. Diese tiefgreifenden theologisch begründeten Auseinandersetzungen lassen sich nicht etwa dadurch erklären, daß sich die Christen jetzt auf der Grundlage neu gewonnener Freiheit und Rechte quasi als Luxus innerkirchliche Auseinandersetzungen leisteten. Dieser Aspekt spielt wohl auch eine gewisse Nebenrolle; im wesentlichen zeigte sich unter den Bedingungen der neuen Freiheit jedoch, daß bedeutsame theologische Fragen noch ungeklärt waren.

Nach der diokletianischen Verfolgung wurden die Christen von der Hervorhebung durch Konstantin überrascht, dadurch fehlte es ihnen an Vorbereitung, um konzeptionell oder entscheidend konstruktiv an der Zusammenarbeit zwischen Kirche und Staat mitarbeiten zu können:

> „Es fehlten zur Zeit der Wende zum einen die nötige Geschlossenheit, weiter überzeugende eigene Konzeptionen zur Rolle der Kirche in der Gesellschaft und schließlich charismatische Persönlichkeiten, die dem Kaiser Konstantin ebenbürtig gewesen wären. [...]
> Summa: Nach der Anerkennung hatten sich die Christen gesehnt, aber die Kirche war zu diesem Zeitpunkt noch nicht reif, um den Zielen, die Konstantin mit ihr verfolgte, eine eigene Konzeption entgegenzusetzen."[67]

Teilweise erschienen den Christen die neuen Verhältnisse so, als sei das Reich Christi bereits auf Erden, im Rahmen des Römischen Reiches eingetreten. Dieses teilweise eintretende Gefühl hemmte jedoch zusätzlich eine kritisch-konstruktive und aktive Mitarbeit bezüglich der Rolle der Kirche unter den neuen Verhältnissen. Diese gewisse Passivität erinnert an die gegen Ende des zweiten Jahrhunderts zunehmend eintretende Zufriedenheit innerhalb des Christentums mit der weiten Ausbreitung des Christentums, sogar

---

[65] F. Winkelmann, 1998, S. 131.
[66] Vgl. ebd., S. 130.
[67] Ebd., S. 131, 132.

über die Grenzen des Römischen Reichs hinaus. In diesem Gedanken, „daß praktisch schon die ganze Welt mit dem Evangelium konfrontiert sei"[68], verloren der Missionsgedanke sowie deren Aktivität an Bedeutung.

Von der neuen hervorgehobenen Stellung des Christentums tief beeindruckt, entwickelt der damalige zeitgenössische Geschichtsschreiber Eusebius, dem die Konstantin-Forschung allerdings einen Großteil ihrer Informationen verdankt, ein theologisches Modell, in dem Konstantin stark überhöht wird:

> „Dabei rückt der Kaiser in die Nähe des Logos [Christus, Gottessohn], weil er für den unsichtbaren Gott die irdisch-sichtbare Welt regiert wie Christus die himmlische. Die platonische Urbild-Abbild-Lehre macht die Annäherung möglich."[69]

Hierdurch rückt Eusebius Konstantin in die Nähe von Gott und stimmt der Vorstellung Konstantins von seinem Kaiseramt zu, nach dem sich Konstantin als Stellvertreter (des monotheistischen) Gottes auf Erden versteht.

In Eusebius' Modell liegt die Gefahr, daß sich die christliche Kirche dem Willen des eigentlich weltlichen Kaisers unterwirft, indem diesem Gottesvollmacht zugewiesen wird. Das folgende Eusebius-Zitat erläutert seine Vorstellung und Zustimmung zum Selbstverständnis Konstantins:

> „Darum konnte dieser [Konstantin] mit Recht, da er einmal Bischöfe gastlich bewirtete, sich äußern, auch er sei ein Bischof, und, wie wir selbst hörten, ungefähr so zu ihnen sagen: 'Ihr seid von Gott zu Bischöfen dessen bestellt, was innerhalb des Bereiches der Kirche liegt, ich aber wohl zum Bischof dessen, was außerhalb desselben liegt' ''.[70]

7. Zur Frage nach Konstantins Christ-Sein

Der in der Einleitung zitierten Äußerung von F. Winkelmann entsprechend, ist es letztlich nicht möglich, Konstantins innere Einstellung zum Christentum bzw. zum christlichen Glauben zu ermitteln. Daher sind neuere Untersuchungen zum Thema der Konstantinischen Wende bestrebt, die historischen Vorgänge seiner Regierungszeit möglichst detailgetreu zu rekonstruieren. In diesen Untersuchungen zeigt sich das bereits genannte ambivalente Bild der Person Konstantins. Teilweise könnte man meinen, inhaltlich-christliches

---

[68] N. Brox, 1995 (1983), S. 37.
[69] E. Dassmann, 1996, S. 59.
[70] Zitiert nach ebd., S. 60.

Denken und Handeln zu erkennen, andere Gesetze, Maßnahmen und Handlungen wiederum stehen im deutlichen Gegensatz zu christlichem Denken. Nun ist es schwierig, wenn nicht unmöglich, herauszustellen, was eigentlich Christlichkeit ist. Eher läßt es sich -zumindest annähernd- feststellen, wann eine Handlung oder Vorstellung den Worten Jesu oder tradierter Christlichkeit der ersten drei Jahrhunderte widerspricht.

Des weiteren ist die im Rahmen historischen Arbeitens bekannte Frage zu berücksichtigen, welche Maßstäbe man an eine historische Person anlegen kann. Das bedeutet bezogen auf die Person Konstantins, ob es historisch-wissenschaftlich überhaupt zulässig ist, den Maßstab des „Christseins" an Konstantin anzulegen. Auffällig ist zunächst, daß diese Frage in den mir vorliegenden Texten und Standpunkten zur Konstantinkritik nirgends diskutiert wird, aber vielerseits unterschiedliche Formen der Kritik geäußert werden.

Ich bin der Meinung, daß sich Konstantin die Frage gefallen lassen muß, ob er im Sinne inhaltlicher Christlichkeit gehandelt hat, da er eben das Christentum zur Staatsreligion erhoben hat. Er hatte umfangreichen Kontakt zu zahlreichen Bischöfen, so daß ihm die Möglichkeit bestand, sich über Inhalte des christlichen Glaubens kundig zu machen.

Es ist eine andere Frage, ob er in seinem Christ-Sein andere Schwerpunkte gesetzt hat, z.B. die Adaption des Christ-Seins aus der Perspektive des tradierten römischen Götterglaubens. Ebenfalls eine andere Frage ist es, ob sich Christlichkeit im inhaltlichen Sinne (wie schwer auch immer diese bestimmbar ist) mit den umfangreichen Regierungsaufgaben eines römischen Kaisers, noch dazu zu der römischen Zeit, verbinden ließ.

Für zulässig halte ich dennoch die Untersuchungsfrage, inwieweit Konstantin im inhaltlichen Sinne Christlichkeit gezeigt hat oder nicht.

Christlichkeit ließe sich in den folgenden Seiten der Konstantin-Politik vermuten:

Ablehnung paganer Götteropfer; Verbot der Tempelprostitution; Verbot der Gladiatorenkämpfe; Verbesserung der Haftbedingungen von Untersuchungsgefangenen, zunehmende Abschaffung der Kreuzigung als Todesstrafe; Milderung der Sklavengesetze; Kompromißbereitschaft bei theologischen Auseinandersetzungen unter den Bischöfen.

Diesen Aspekten stehen Seiten Konstantins gegenüber, die einer Christlichkeit im inhaltlichen Sinne entgegenstehen, z.B.:

Die Indienstnahme und Erprobung des „Christengottes" in der Schlacht, gewaltsames Vorgehen gegen Häretiker.

Des weiteren würde man meiner Meinung nach nicht einmal heutige Maßstäbe anlegen, wenn man Konstantins Kriegsführung allgemein sowie die

Todesstrafe als nicht christlich bewerten würde. Nicht umsonst haben die Christen bis ins zweite Jahrhundert den Soldatendienst grundsätzlich abgelehnt.

Ohne daß ich diese Fragen klären kann, zeigen diese aber, in welchen komplexen Zusammenhängen ein damaliger römischer Kaiser stand, aber auch beispielsweise ein heutiger Außenminister steht.

Ein weiterer brisanter Aspekt, der Konstantin als nicht-christlich erscheinen läßt, ist die Tötung an seiner Frau Fausta und seinem Stiefsohn Crispus. Nach E. Dassmann habe sich diese Angelegenheit vermutlich folgendermaßen vollzogen:

> „Der glaubwürdigste Bericht sagt, Konstantins Frau Fausta, damals dreißigjährig, habe den jüngeren Stiefsohn Crispus beschuldigt, ihr in unerlaubter weise zu nahe getreten zu sein. Das Gericht habe Crispus schuldig gesprochen, und er sei in Pola durch Gift getötet worden. [...]
> Die Kaiserinmutter Helena soll über den Verlust des ältesten Enkels so erbittert gewesen sein, daß sie Konstantin veranlaßte, auch gegen Fausta vorzugehen. Somit wäre der Kaiser, der gerade in diesem Jahr strenge Gesetze zum Schutz der Ehe erlassen hatte, gezwungen gewesen, den Ehebruch in seinem eigenen Hause zu bestrafen. Fausta wurde im Bad erstickt."[71]

Die Tötung seines Stiefsohnes kam Konstantin keineswegs entgegen, weil er diesem bereits wichtige politische Aufgaben anvertraut hatte.

Diese Hinrichtungen sind schrecklich wie tragisch.

Selbst in diesem gravierenden Fall bleibt eine gewisse Ambivalenz bei der Bewertung Konstantins bestehen. Wäre eher seine Schärfe der Gesetzgebung als die genannten Taten zu kritisieren?

Als Indiz für Konstantins Nicht-Christlichkeit wird die Tatsache angeführt, daß Konstantin sich erst auf dem Totenbett hat taufen lassen. Bis dahin ist er Katechumene geblieben und hat in seinem Leben an keiner Eucharistiefeier teilgenommen, wozu er als Katechumene auch nicht berechtigt war. Wie für Katechumene üblich, nahm er am Wortgottesdienst teil.

Hat Konstantin in seinem Leben die Taufe gescheut, um sich nicht ganz der christlichen Verantwortung stellen zu müssen? Vorstellbar ist dieser Gedanke, jedoch war es, anders als man annehmen könnte, nach der Hervorhebung des Christentums üblich geworden, viele Jahre lang, oder sogar über das ganze Leben hinweg Katechumene zu bleiben.

---

[71] E. Dassmann, 1996, S. 43-44.

N. Brox schreibt dazu:

> „Unter den neuen Bedingungen eines Massen-Interesses am Christen-
> tum im 4. Jahrhundert seit Konstantin wurde das Ritual des Katechu-
> menats verändert. Die Kirche mußte interessiert sein, den Zugang ver-
> stärkt zu kontrollieren. Die wichtigste Verschiebung in der Praxis war,
> daß viele Menschen zwar Katechumenen wurden, somit am Wortgot-
> tesdienst teilnehmen konnten und sich zugehörig fühlen durften, aber
> (wegen der hohen Anforderungen des Christseins) gar nicht nach der
> Taufe verlangten und viele Jahre oder lebenslang (bis zur Sterbestun-
> de) Katechumenen blieben, was inzwischen nicht mehr wie ehedem be-
> reits die ganze Pflicht der christlichen Ethik einschloß.“[72]

Direkte Folgerungen auf die Bewertung seines Christ-Seins lassen sich aus
der Totenbett-Taufe also nicht ziehen. Zwar liegt die Möglichkeit nahe, daß
er sich nicht der vollen inhaltlich-christlichen Verantwortung stellen wollte.
Ebenso bleibt jedoch festzuhalten, daß auch Katechumene am Gemeinde-
leben teilnahmen.

Die Person Konstantin wird durch die in der Arbeit dargelegten verbalen Äußerungen, Gesetzgebungen und Handlungen in der Praxis gekennzeichnet,
wobei eine Ambivalenz bestehen bleibt.

Wie beurteilt jedoch die Konstantin-Forschung und -Kritik diese Persönlich-
keit? Beispielhaft werden im folgenden Kapitel einige leitende Standpunkte
dargestellt.

8. Zur Konstantin-Kritik

Bei der Beschäftigung mit der Konstantin-Kritik -ob negativ oder positiv- ist
zu beachten, daß die Stellungnahmen auch aus dem Horizont der jeweiligen
Zeit- und Gesellschaftsverhältnisse der Autoren erfolgen. Dies ist nicht
grundsätzlich als Manko anzusehen, weil der Ausgang von den eigenen
Zeitverhältnissen ein motivational bedeutsamer Anstoß für die Beschäftigung mit geschichtlichen Themen ist.

---

[72] N. Brox, 1995 (1983), S. 115.

Hieraus ergibt sich jedoch auch, daß aktuell kontroverse Themen auf dem Weg der divergenten Auseinandersetzung mit einer historischen Epoche diskutiert werden.

So mündete bspw. im 19. Jh. der „Streit um die christlichen Herrscher der Gegenwart und das Staat-Kirche-Verhältnis"[73] in einen Streit um die Konstantinische Wende und deren diskutierte mögliche Nachwirkungen.

Im folgenden stelle ich beispielhaft einige Standpunkte zur Konstantin-Diskussion dar.

Wie unter anderem E. Dassmann herausstellt, ist die Kritik an der Konstantinischen Wende so alt wie die Wende selbst.

Frühe Kritik zeigt sich z.B. in Hieronymus´ (345- ~420) Plan einer -allerdings nicht ausgeführten- Kirchengeschichte. Darin soll u.a. gezeigt werden, wie die Kirche „durch das Martyrium ihre Verherrlichung erlangt, wie sie die christlichen Fürsten in ihren Schoß aufgenommen und dadurch zwar an Macht und Reichtum gewonnen, dafür aber an innerer Kraft eingebüßt hat"[74].

Mit der Aufklärung im 18. Jh. wächst die kritische und zunehmend differenzierende Auseinandersetzung mit der Konstantinischen Wende. Gottfried Arnold, als Pietist ausgehend von der Kritik am auf Sicherheit und Ordnung bedachten Bürgertum, fragt, wo „Glaubenseifer, Selbstverleugnung, Leidensbereitschaft der frühen Christen"[75] geblieben waren. Unter Konstantin sieht er den Verfall der „ersten Lauterkeit" rapide beschleunigt. Konstantin bezeichnet er als laster- und sündhaft; Konstantin habe den nicht möglichen Versuch unternommen, das Gottesreich und das Teufelsreich zu vereinigen. Diese Beurteilung entspringt seinem tief religiösen, pietistischen Verständnis; auffallend ist die Deutlichkeit seiner Formulierungen. Arnolds Kritik wird als bedeutender Anstoß für die mit ihm beginnende neuere Konstantin-Forschung gesehen.

In der Folgezeit wird die Konstantinische Wende zunehmend auch im Rahmen geschichtstheoretischer Konzepte kritisch thematisiert, so z.B. bei E. Gibbon (1737-1794) und J. G. Herder (1744-1803)[76].

Im folgenden soll ein Blick auf Jacob Burckhardts (1818-1897) Konstantin-Kritik gerichtet werden. Burckhardt baute seine Konstantin-Kritik aus seinem Bild von Geschichte und Herrschertum auf.

---

[73] K. Nowak, 1998, S. 214 mit Bezug auf W. Kölling, 1874.
[74] Zitiert nach E. Dassmann, 1996, S. 19.
[75] K. Nowak, 1998, S. 187.
[76] Vgl. dazu ebd., S. 189-193; 224

Ein bedeutsamer Anlaß für Burckhardts Auseinandersetzung mit Konstantin war die Französische Revolution (1789), durch die der Blick auf traditionelle Machtstrukturen grundlegend zerrüttet wurde. Die Ermittlung möglicher Sinnbezüge zur Konstantin-Epoche konnte der Verarbeitung der Revolutions-Nachwirkungen dienlich sein.

Nach Burckhardt ist der Mensch der Ausgangspunkt geschichtlicher Entwicklung.

K. Nowak referiert Burckhardts Bild vom Menschen:

> „Die Natur des Menschen fand Burckhardt gebrochen. Güte trete stets nur in der Mischung mit anderen Eigenschaften auf. Der ´Kampf ums Dasein´ sei unentrinnbar. Die polare Spannung von Gut und Böse löse jedes dauernde Glücksmoment auf."[77]

Von hieraus entwickelte Burckhardt eine „Theorie der genialen Männer", nach der Religiösität bzw. Christlichkeit für Herrscher wie Konstantin ausgeschlossen seien. Über Konstantin schreibt Burckhardt:

> „Es haftet auf Constantin noch stets ein letzter Schimmer von Erbaulichkeit, weil ihn so viele sonst verehrungswürdige Christen aller Jahrhunderte als den Ihrigen in Anspruch genommen haben. Auch dieser letzte Schimmer muß schwinden. Die christliche Kirche hat an diesem furchtbaren, aber politisch großartigen Menschen nichts zu verlieren, so wie das Heidentum nichts an ihm zu gewinnen hätte."[78]

Aus christlicher Sicht wird Konstantin bei Burckhardt scharf kritisiert. Aus der Sicht eines historischen Realists, als den er sich selbst sieht, bezeichnet er die konstantinische Verbindung von Staat und Kirche als „große[s], notwendiges Resultat eines weltgeschichtlichen Prozesses"[79]. Die Christianisierung des Römischen Reiches sieht er als „Ruhmestat", durch die in der Weltkultur ein Element der Kontinuität sichergestellt worden sei[80]. Diese ambivalente Herrscher-Auffassung scheint sich aus seinem oben genannten Menschenbild abzuleiten.

Zunächst sah Burckhardt den Staat grundsätzlich kritisch. „Die Macht an sich [ist] böse"[81], beurteilt er, und demnach sei auch die Macht des Staates verwerflich. Macht des Staates äußere sich u.a. in Unterwerfung, Knechtung, Gewaltanwendung sowie in der sittlichen Richtigsprechung dieser Taten durch den Staat. Er sieht den Staat kritisch und bezeichnet die Welt-

---

[77] K. Nowak, 1998, S. 194-195.
[78] J. Burckhardt, 1853; zitiert nach K. Nowak, 1998, S. 201.
[79] Ebd., zitiert nach ebd., S. 201.
[80] Vgl. K. Nowak, 1998, S, 202.
[81] J. Burckhardt, zitiert nach K. Nowak, 1998, S. 195.

monarchien der Antike als „plündernd, brandschatzend, triumphierend"[82]. Für Herrscher-Persönlichkeiten wie Konstantin sucht er jedoch nach Erklärungen. Konstantin sei von seinem ersten Auftreten an nach dem Prinzip der Notwendigkeit vorgegangen. Als Erklärungsmodell für Herrscher-Personen wie Konstantin äußert Burckhardt:

> „Es ist jene wundersame Verkettung von Thaten und Schicksalen, in welche der höher begabte Ehrgeizige wie von einer dunklen Macht hineingezogen wird. Vergebens ruft das Rechtsgefühl ihm seinen Protest entgegen, vergebens steigen Millionen Gebete der Unterdrückten zur Memesis empor; - der große Mensch vollzieht, oft ohne Wissen, höhere Beschlüsse, und ein Weltalter drückt sich in seiner Person aus, während er selber seine Zeit zu beherrschen und zu bestimmen glaubt."[83]

In Burckhardts Bild eines Herrschers war für Religiösität kein Platz. In der Person des Herrschers setze sich das Machtstreben durch, Mitgefühl bleibt ausgeklammert.

Auch der Herrscher scheint sich nach Burckhardt in dem genannten Spannungsfeld „von Gut und Böse" zu befinden. Jedoch setze sich bei den „genialen Männern" die „Größe der Idee" durch; anders formuliert: Die „historische Nothwendigkeit" kommt zum Tragen[84]. Burckhardt wandte sich mit heftiger Kritik gegen die Darstellungen des Eusebius, der die Person Konstantins stark christlich idealisiert dargestellt habe.

Burckhardt erweitert die Konstantin-Kritik dadurch, daß er ein historisches Modell in bezug auf Staat und Herrschertum entwirft. In Vielem arbeitet er jedoch noch nicht historisch-kritisch, da er in seinem Herrscher- und Staatsbild teilweise idealisiert und generalisiert. Burckhardt ist für die nachfolgende Konstantin-Forschung ein Bezugs- und Reibungspunkt geblieben. Mit seiner Theorie haben sich sowohl Konstantin-Gegner als auch Befürworter auseinandergesetzt.

Ein Kritikpunkt an Burckhardts Modell besteht darin, daß er den römischen Kaiser Konstantin als nicht-religiös darstellt. Dies widerspricht der Tatsache, daß Kultus und Religion im römischen Staat eine bedeutende Stellung hatten und der Kaiser umfangreich in den Kultus eingebunden war; und dies unabhängig davon, daß vor Konstantin das Paganentum der vorherrschende Kultus und mit Konstantin das Christentum die leitende Religion war.

Im folgenden nenne ich in kurzer Darstellung als Beispiele einige weitere Standpunkte innerhalb der Konstantin-Diskussion.

---

[82] Ebd.
[83] J. Burckhardt, 1853; zitiert nach K. Nowak, 1998, S. 201.
[84] Vgl. K. Nowak, 1998, S. 201, Anm. 42.

Während sich die negative Bewertung Konstantins weiter ausdifferenzierte, gab es auf der anderen Seite Standpunkte, die die Konstantinische Christianisierung des Römischen Staates positiv bewerteten.

V. Schultze und O. Seeck - darauf hinweisend, daß in der römischen Spätantike der irreligiöse Mensch nicht denkbar sei - sahen Konstantin als „innerlich" überzeugten Christen. Seine Christlichkeit sei, der Zeit entsprechend, soldatisch-roh ausgeprägt gewesen und galt ihnen als Ausgangspunkt für sein religionspolitisches Wirken.

A. Harnack relativierte die Bedeutung von Konstantins innerer Christlichkeit zwar, sieht, Schultze und Seeck folgend, Konstantins (Religions-) Politik jedoch positiv: Nach Harnack habe die Kirche durch ihre Verbindung mit dem Staat mehr gewonnen als verloren. Des weiteren sei der Bund historisch vorbereitet und notwendig gewesen, „um die Menschheit auf eine höhere Zivilisationsstufe zu heben: rechtlich, sittlich, politisch, religiös"[85].

Seitens der katholischen Kirche wurde Konstantin traditionell verehrt. In der orthodoxen Kirche gelten Konstantin wie seine Mutter Helena als Heilige.

Nach den ausschwingenden Feiern zum Konstantin-Jubiläum im Jahr 1913 begannen jedoch auch innerhalb der Kirche kritische Stimmen zuzunehmen (z.B. Hugo Koch, Vortrag 1913)[86].

Innerhalb der neueren Konsatantin-Forschung wird untersucht, inwieweit die Konstantinische Wende historisch negative Nachwirkungen gehabt hat.

Begründete Einwände gegen die Konstantinische Wende rufen starke Kritik an ihr hervor. Wesentliche Kritikpunkte bestehen im folgenden: Die Verbindung der Kirche mit dem Staat seit Konstantin habe negative Auswirkungen auf Struktur und Wesen der Kirche bis heute.

Die Bibel als Ausgangspunkt, der Erlösungsgedanke und das Wissen um die wesentliche Jenseitigekit des Gottesreiches seien verlorengegangen; an deren Stelle sei das Streben nach einer zunehmend hohen Stellung der Kirche innerhalb von Staat und Gesellschaft getreten. E. Dassmann erläutert weiter zusammenfassend:

> „Die ´Konstantinische Wende´ gilt deshalb als so verhängnisvoll, weil sie nunmehr schon fast 1700 Jahre fortdauert als die Epoche der Machtkirche. Durch sie sei die ursprüngliche, aus der Forderung des Evangeliums kommende Gegnerschaft der Kirche zur Welt verfälscht worden. Die missionarischen Bemühungen seien ohne durchgreifenden Erfolg geblieben, weil sie mit politischer Expansion verbunden waren.

---

[85] Vgl. K. Nowak, 1998, S. 221.
[86] Vgl. ebd., S. 209 f.

44

Eine Bekehrung durch die Macht des Schwertes aber habe notwendig oberflächlich bleiben müssen."[87]

Im Zusammenhang dieser negativen Auswirkungen auf die Entwicklung des Christentums entstand der Begriff „Konstantinisches Zeitalter". Dieses „Konstantinische Zeitalter wird teilweise als ein „Irrweg von sechzehn Jahrhunderten"[88] angesehen.

Hinsichtlich dieses Begriffes gibt jedoch G. Haendler zu bedenken: „Der Versuch, die Kirchengeschichte vom 4.-20. Jahrhundert mit einem negativen Pauschalurteil in den Griff zu bekommen, kann kaum gelingen". Haendler äußert weiter:

> „In der Redeweise vom *Konstantinischen Zeitalter* werden dem Kaiser Konstantin Fehlentwicklungen im Verhältnis von Staat und Kirche in späteren Jahrhunderten angelastet, für die er nicht verantwortlich gemacht werden kann."[89]

Ich bin außerdem der Meinung, daß durch das Konzept des „Konstantinischen Zeitalters" den Herrschern der „späteren Jahrhunderte" Vieles von der Selbstverantwortung für ihr politisches, gesellschaftliches und militärisches Handeln genommen wird.

Trotzdem bleibt festzuhalten, daß durch Konstantins Einbindung des Christentums eine Staatsstruktur entstanden ist, deren Grundzüge in den nachfolgenden Jahrhunderten -bei allen „Modifizierungen"- weiter bestanden hat.

Des weiteren wird diskutiert, ob das „Konstantinische Zeitalter" in etwa seit der Jahrhundertwende sein Ende gefunden habe. Durch die Auflösung des Kaiserreichs (1918) wurde die bis dahin noch recht enge Bindung von Kirche und Staat formell eingeschränkt.

Nach den Schrecken des 2. Weltkrieges war in beiden Konfessionen das Verlangen nach einer grundsätzlichen Diskussion ihrer Kirchen entstanden; das Verhalten der Kirchen zur Politik und Praxis des nationalsozialistischen Regimes war zu diskutieren.

Zudem nahm nach dem 2. Weltkrieg der Einfluß der Kirche auf Gesellschaft und Politik sukzessiv ab.

Auf der Suche nach Alternativmöglichkeiten zu Konstantins Vereinnahmung des Christentums in den Staat werden Möglichkeiten genannt.

---

[87] E. Dassmann, 1996, S. 17.
[88] K. Nowak, 1998, S. 223.
[89] G. Haendler, 1972, 1978; zitiert nach K. Nowak, 1998, S. 226.

Aufbauend auf Burckhardt schreibt E. Schwartz in einer kritischen Schrift bezüglich des seitens der katholischen Kirche gefeierten Konstantin-Jubiläums (1913):

> „[Die Kirche zur Zeit Konstantins vergaß], daß ihre stolzesten Tage doch die gewesen waren, in der sie eine Minderheit gewesen war und denen, die freiwillig, oft nicht ohne Gefahr, die große Welt verließen, um ihre Glieder zu werden, eins gab, sich loszulösen von der Masse derer, die nur dem Tage leben."[90]

E. Zahn, kritischer Zeitgenosse von Burckhardt, äußert sich nachdenklich zu diesem Aspekt:

> „´Wunderbare Ironie der Geschichte! So lange die Welt eine ehrliche heidnische war, konnte der ernsteste Christ in ihr leben.´ Zum eindrucksvollen Zeugen gegen die ´Lüge der konstantinischen Schöpfung´ sei das Mönchtum geworden, das die ´christliche Gesellschaft´ verließ und in der Wüste seine Freiheit fand."[91]

Wie oben angeführt, hatte G. Arnold 1696 den sich unter Konstantin sich beschleunigenden Verlust der „ersten Lauterkeit" - also Glaubenseifer, Selbstverleugnung, Leidensbereitschaft der frühen Christen - beklagt.

Es stellt sich die Frage, ob Christsein nur abseits der Gesellschaft und in Abgrenzung von politischer Mitverantwortung möglich ist. Diese Frage ist überspitzt formuliert; bis heute zeigt sich jedoch, wie schwer es ist, bei wichtigen politischen Entscheidungen christliche Grundsätze als Maßstab zu nehmen. Eine wünschenswerte Lösung wird ein allmählicher Weg dorthin sein.

---

[90] E. Schwartz, 1913; zitiert nach K. Nowak, 1998, S. 209.
[91] Th. Zahn 1876/ 1894; zitiert nach ebd., S. 215.

9. Zusammenfassung

Galerius hatte durch sein „Toleranz"-Edikt im Jahr 311 eine wichtige Voraussetzung für die Gleichstellung der Christen im Römischen Reich geschaffen. Mit verwundernder Zügigkeit setzte Konstantin seit den Jahren 312/ 313 in raschen Schritten die Hervorhebung des Christentums innerhalb des Römischen Reichs durch.

Bei Konstantins Beweggründen hierfür zeigt sich eine nicht ganz zu entschlüsselnde Verbindung von Gotteserfahrung, Monotheismus und staatspolitischer Pragmatik. Im Sinne seiner Aufgabe, als römischer Kaiser für kultische Einheit und damit verbunden für Stabilität innerhalb des Staates zu sorgen, setzte er sich auf Synoden für die Einheit der christlichen Kirche ein und war bestrebt, innerkirchliche Streitigkeiten zu schlichten. Wie weit seine inhaltliche Christlichkeit ging, ist nicht genau bestimmbar. In Teilen seiner Gesetzgebung (z.B. Sklavengesetze, Verbot von Gladiatorenspielen) ließe sich Christlichkeit erahnen. Besonders in verbal abwertenden Äußerungen gegenüber Juden und christlichen Herätikern (z.T. auch gegenüber den Paganen) zeigt er durch seine Herbheit nicht-christliche Seiten. Konstantin hat diese verbalen Forderungen aktiv kaum umgesetzt. Stärker zu gewichten ist die negative Vorbildwirkung dieser stark abwertenden Äußerungen für die nachfolgende Zeit. Konstantins Nachfolger gingen insgesamt härter und konsequenter gegen andere Glaubensgruppen vor. Im Mittelalter kommt es bis zur „Ketzer"-Verfolgung.

Konstantin hat durch seine Politik die christliche Kirche mit dem Staat verwoben. Hierdurch ging dem Christentum an Beharrlichkeit und Stetigkeit im Glauben verloren, Merkmale, die sie in der Zeit der Verfolgung gezeigt haben. Zu erwähnen ist jedoch auch, daß die Christen vor und nach der Wende im caritativen Bereich (Krankenhilfe, Gleichstellung von Sklaven) viel geleistet haben, wofür sie auch von den Pagagen sowie Konstantin selbst Anerkennung erhielten. Sklaven waren innerkirchlich gleichgestellt, auch wenn sich die Christen im Alltag mit der alten Sklavenordnung arrangierten/ bzw. zu arrangieren hatten. Diese kirchliche Würdigung der Sklaven muß auch auf die (begrenzte) Milderung der konstantinischen Sklavengesezgebung Einfluß gehabt haben.

Bereits mit dem Beginn der Konstantinischen Wende setzte Kritik an ihr ein. Mit der Aufklärung im 18. Jahrhundert erhielt diese jedoch zunehmend Deutlichkeit und Kontur. Nicht-christliche Seiten Konstantins wurden jetzt offen dargelegt und ausgesprochen. Konstantin wurde als Gegensatz wahrer

Christlichkeit dargestellt und für die negativen Auswirkungen der Verbindung von Kirche und Staat verantwortlich gemacht. An die Stelle einer Kirche, die die Erlösung durch Gott verkündete, war im Mittelalter eine machtpolitische Instanz getreten.

Die Konstantinische Wende wurde im Rahmen geschichtstheoretischer Konzepte thematisiert, u.a. bei J.G. Herder und J. Burckhardt.

In der neuesten Konstantin-Forschung wird angestrebt, die Ereignisse und Vorgänge in den Jahren der Konstantinischen Regierungszeit genau zu rekonstruieren, um Konstantin und seine Christianisierung möglichst umfassend und vielschichtig erfassen zu können. Die Konstantinische Wende wird jedoch ein belebtes Gesprächsthema bleiben, weil die damalige Hervorhebung des Christentums zur Staatsreligion bis heute ihre Nachwirkung behalten hat. Vielleicht hätte sich die christliche Kirche auch ohne Konstantin entwickelt und ausgebreitet, aber dann vermutlich anders, als es in der tatsächlichen Geschichte der Fall gewesen ist.

10. Literaturverzeichnis

N. Brox: Kirchengeschichte des Altertums, Düsseldorf (Patmos), 1995,
1. Auflage 1983.

E. Dassmann: Kirchengeschichte, Bd. 2. Konstantinische Wende und
spätantike Reichskirche, Stuttgart/ Berlin/
Köln (Kohlhammer), 1996.

H. Kinder/ W. Hilgemann: dtv-Atlas Weltgeschichte, Band 1. Von den An-
fängen bis zur Französischen Revolution, Mün-
chen 1999, 1. Auflage 1964.

E. Mühlenberg (Hg.): Die Konstantinische Wende, Gütersloh, 1998.
Darin:

K.M. Girardet: Die Konstantinische Wende und ihre Bedeutung für
das Reich. Althistorische Überlegungen zu den gei-
stigen Grundlagen der Religionspolitik Konstantin d.
Gr., S. 9-122.

F. Winkelmann: Die „Konstantinische Wende" und ihre Bedeutung
für die Kirche, S. 123-143.

H.G. Thümmel: Die Wende Constantins und die Denkmäler,
S. 144-185.

K. Nowak: Der erste christliche Kaiser. Konstantin der Große und
das „Konstantinische Zeitalter", S. 186-233.

K. Hemmerle: Dreifaltigkeit, Geheimnis der Nähe. Das unerhört Neue der
christlichen Gotteserfahrung, Reihe: Antwort des Glaubens,
Freiburg, 1979.

Bei BoD sind von Stefan Burchert bisher erschienen und erhältlich:

1. Die Konstantinische Wende – Eine zusammenfassende Darstellung zentraler Aspekte.
   ISBN 3-8311-2967-3

2. Das Gleichnis vom verlorenen Sohn – Eine zusammenfassende Darstellung zum Verständnis des Gleichnisses.
   ISBN 3-8311-2968-1

3. Wanderung im Teutoburger Wald; Iris auf Abwegen – Zwei Kurzromane und andere Erzählungen.
   ISBN 3-8311-2966-5

4. Barmstedt unterwegs (Hrsg. u. teils Autor) – Erzählungen, Schilderungen und Reportagen über Reise, Urlaub, Unterwegs-Sein; 36 Texte verfaßt von elf Autoren der Barmstedter Literaturprojekte (www.BaLit.de).

.